O sentido da filosofia

O sentido da filosofia
Marcel Conche

Tradução
MÁRCIA VALÉRIA MARTINEZ DE AGUIAR

Martins Fontes
São Paulo 2006

Esta obra foi publicada originalmente em francês com o título
LE SENS DE LA PHILOSOPHIE
por Encre Marine (Éditions), Fougères, França.
Copyright © Encre Marine, F. 42220 La Versanne.
Copyright © 2006, Livraria Martins Fontes Editora Ltda.,
São Paulo, para a presente edição.

1ª edição 2006

Tradução
MÁRCIA VALÉRIA MARTINEZ DE AGUIAR

Acompanhamento editorial
Maria Fernanda Alvares
Preparação do original
Andréa Stahel M. da Silva
Revisões gráficas
Marisa Rosa Teixeira
Luzia Aparecida dos Santos
Dinarte Zorzanelli da Silva
Produção gráfica
Geraldo Alves
Paginação/Fotolitos
Studio 3 Desenvolvimento Editorial

Dados Internacionais de Catalogação na Publicação (CIP)
(Câmara Brasileira do Livro, SP, Brasil)

Conche, Marcel, 1922- .
 O sentido da filosofia / Marcel Conche ; tradução Márcia
Valéria Martinez de Aguiar. – São Paulo : Martins Fontes, 2006.
 – (Coleção mesmo que o céu não exista)

 Título original: Le sens de la philosophie.
 ISBN 85-336-2240-6

 1. Filosofia I. Título. II. Série.

06-0392 CDD-101

Índices para catálogo sistemático:
1. Filosofia : Teoria   101

Todos os direitos desta edição para o Brasil reservados à
Livraria Martins Fontes Editora Ltda.
Rua Conselheiro Ramalho, 330 01325-000 São Paulo SP Brasil
Tel. (11) 3241.3677 Fax (11) 3101.1042
e-mail: info@martinsfontes.com.br http://www.martinsfontes.com.br

Índice

Prefácio.. 9

O ceticismo e o sentido da filosofia 15
A solidão e o sagrado 53
A filosofia e o além da filosofia 73

Referências.. 93

à memória de minha mãe (1893-1922)
daquela que me quis
que me abrigou em seu amor
e que morreu
me deixando vivo

Prefácio

Heráclides Pôntico é o filósofo da escola de Platão que teria sido encarregado de dirigir a Academia durante a terceira viagem do Mestre à Sicília; é conhecido principalmente como astrônomo, por ter professado a rotação diurna da Terra e a revolução de Mercúrio e Vênus ao redor do Sol. Diógenes Laércio, que enumera suas muitas obras (V, 86-88), leu numa delas, Περὶ τῆς ἄπνου, *Sobre a inanição*, o seguinte (I, 12):

"O primeiro que usou o termo 'filosofia' (φιλοσοφία) e chamou a si mesmo de 'filósofo' (φιλόσοφος) foi Pitágoras [que isso seja ou não verdade, não importa aqui], pois, dizia ele, ninguém é efetivamente sábio (σοφός) a não ser a divindade. Antes dele, esse estudo denominava-se 'sabedoria' (σοφία) e aquele que o professava era o 'sábio' (σοφός), se tinha uma alma fértil e elevada. Um filósofo é, ao contrário, alguém que busca alcançar a sabedoria (ὁ σοφίαν ἀσπαζόμενος)."

A alteração que resultou na confusão entre filosofia e ciência fez mais do que se esboçar com Platão e se confirmou com Aristóteles. Platão diz que o filósofo é aquele que "deseja a sabedoria" (σοφίας ἐπιθυμηθής, *Rep.*, V, 475 b); mas diz também serem filósofos os que são efetivamente "capazes de alcançar aquilo que é sempre imutável", ou seja, a ciência ou a sabedoria, e recusa esse título aos que são incapazes disso (*Rep.*, VI, 484 b). Após o que Aristóteles define a filosofia como a "ciência da verdade" (ἐπιστήμη τῆς ἀληθείας, *Met.*, α, I, 993 b 20). "Ciência" é o que será a filosofia para os "grandes mestres" como Descartes, Espinosa, Kant, Fichte, Hegel. A partir daí, Husserl pode escrever que a filosofia "pretendeu ser uma ciência rigorosa" (*La philosophie comme science rigoureuse*, trad. fr. Q. Lauer, PUF, 1955, p. 51), acrescentando que não pôde realizar essa pretensão "em nenhum momento de seu desenvolvimento", de modo que "ainda não estreou como ciência" (p. 53). Mas caberia à filosofia constituir-se em "ciência rigorosa"? Como observa Quentin Lauer, "Husserl supõe uma resposta afirmativa sem jamais provar que essa se imporia" (p. 130). Assim, o que temos no ponto de partida da tentativa de Husserl de "forjar de novo e radicalmente a filosofia no sentido de uma ciência rigorosa" (*ibid.*, p. 55) é uma completa ausência de rigor.

Tal tentativa repousa de fato num esquecimento: o esquecimento do que seria a própria filosofia, e de que ela se refere ao homem vivo e que se sabe mortal. Ela repousa sobre o esquecimento da morte. "O que é o homem?": essa é, nos diz Kant, a questão última da filosofia. E Platão: "O que poderia ser um homem?: eis o que buscam "todos os que passam a vida filosofando" (*Teeteto*, L74 b.) O homem espera que a filosofia o esclareça sobre si próprio, *ou seja, sobre seu destino*. Estaria neste mundo apenas para aqui viver e morrer? O que significa a morte? Vida ou não-vida? Ou sobrevida? Ou pseudovida? Ou imortalidade? Mas não existe saber da morte (cf. *Orientação filosófica*, Martins Fontes, 2000, cap. 4). A filosofia não pode ter assim caráter de ciência: é essencialmente outra coisa.

Segundo os dicionários, "filósofo" é aquele que "ama τὸ σοφόν, a ciência, a sabedoria" (Chantraine). Definição bem ambígua, pois vale tanto para o sábio que, decerto, "ama" a sabedoria que possui, quanto para o filósofo, que "ama" a sabedoria que não possui. Dizem que o filósofo é "amigo da sabedoria": não seria esse também o caso do sábio? Platão diz que os *sophoí*, que possuem a ciência (ou a sabedoria), já não precisam *buscá-la*, ou seja, já não precisam "filosofar" (φιλοσοφεῖν, *Lísis*, 218 a). Se traduzirmos φιλοσοφεῖν por "amar a ciência", seremos levados a escrever que "os que possuem a ciência deixam de ser amigos da ciência", ou que "deixam de amar a ciência" (Croiset e Chambry traduzindo *Lísis* para o francês), o que é absurdo.

Heidegger salienta: deve-se entender o φιλεῖν τὸ σοφόν como uma ὄρεξις, palavra que expressa a ação de tender para algo: "Porque o φιλεῖν é [...] uma busca específica que tende *para* o σοφόν, o φιλεῖν τὸ σοφόν se torna φιλοσοφία" (*Qu'est-ce que la philosophie*, trad. fr. Gallimard, 1957, p. 27). A filosofia é busca, tendência para algo: nisso consiste sua natureza, e ela nunca pode tornar-se outra coisa – um sistema, um resultado. Por certo o filósofo deve meditar sob a égide da idéia de verdade, com vistas a sustentar um discurso verdadeiro sobre o real em seu conjunto. Mas o que se deve entender por "real"? O que *merece* ser chamado de "real"? O filósofo não se restringe ao real comum. Elabora sua própria noção do real; mas o real de Aristóteles não é o mesmo de Epicuro ou de Crisipo, ou de Descartes, Kant ou Hegel, sem falar de Montaigne ou Pirro. Assim, a noção do real filosófico é necessariamente fragmentada, e a ciência do real em seu conjunto é, como já foi dito, uma ciência "impossível".

Tendo como pano de fundo um inelutável ceticismo quanto à possibilidade de alcançar a verdade absoluta, as filosofias são necessariamente *muitas*. Contudo, todos os verdadeiros filósofos têm em comum o fato de dizer apenas o que lhes parece verdadeiro e querer, segundo a injunção de Platão, a verdade "inteira". Que essa verdade seja apenas a verdade do juízo à medida que o discurso avança, ou a "verdade" de um sistema ou de um programa sistemático, ela só se desvela na aparência[1]. Quanto à essência das coisas, ela permanece oculta e inacessível, a menos que não haja "essência das coisas" e que a superfície seja o que existe de mais profundo. Exige-se unicamente do filósofo que ame a verdade inteira e que a expresse tal como se apresenta a ele, sem nenhuma concessão: "Filosofamos sem concessão" (φιλοσοφοῦμεν ἄνευ μαλακίας), dizia Péricles (Tucídides, II, 40). Não é sem ambigüidade que o filósofo é chamado de "amigo da sabedoria": chamá-lo de "amigo da verdade" não envolve nenhuma ambigüidade.

---

1. Emprestamos essa palavra de Montaigne (Cf. *Ensaios*, II, XII, p. 388, São Paulo, Martins Fontes, 2000).

O ceticismo e o sentido da filosofia

Um diálogo inacabado de Descartes, encontrado entre seus papéis após sua morte, intitula-se: "A busca da verdade pela luz natural". Esse é, efetivamente, o sentido da filosofia: buscar a verdade valendo-se da "coisa mais bem dividida do mundo": o bom senso ou a razão. Ora, o ceticismo nos diz que não existe verdade ou que a verdade é inatingível. Então, qual o sentido da filosofia? Como o cético, se já não espera nada da filosofia, pode continuar a filosofar? Esse é, de modo geral, o cerne da questão colocada.

Montaigne, quando decidiu consagrar-se ao puro e simples ócio em seu castelo no Périgord, espantado com as "quimeras e monstros fantásticos" que seu espírito engendrava sem parar, determinou-se, para pôr ordem em seus pensamentos, a escrevê-los. Reflete então sobre a natureza da linguagem e cita o seguinte verso de Homero: ἐπέων δὲ πολὺς νομὸς ἔνθα καὶ ἔνθα (*Ilíada*, 20, 249)

– a linguagem constitui uma fértil fonte de palavras para dizer qualquer coisa e seu contrário.

Disponho da fértil fonte de palavras da língua francesa. Como irei associar essas palavras? Com que finalidade? Ser útil a vocês? Falando ao eventual leitor de seu livro, Montaigne alega: "Não tive nenhuma intenção de prestar-te serviço." Contudo, os *Ensaios* servem de socorro para muitos, são úteis. Mas não foram escritos com esse fim. Quando eu ensinava no colégio, na universidade, preocupava-me em ser útil aos alunos, aos estudantes. Nessa medida, não era filósofo. O filósofo não visa a utilidade. O mais útil é o que serve para a felicidade. A filosofia não visa a felicidade. Visa unicamente a verdade. Ora, é bem possível que a verdade seja dolorosa, seja penosa, seja destruidora da felicidade ou a torne impossível. A religião, ao contrário da filosofia, está na categoria do útil. Promete a felicidade e diz o que se deve fazer e o que se deve ser para merecer a felicidade ou obtê-la. Conseqüentemente, a ilusão é mais importante do que a verdade, se proporciona felicidade. O budismo põe expressamente a verdade em segundo plano, abaixo do útil. Buda "ensinava unicamente o que trazia paz e felicidade ao homem"[2]. Então, explicita Roger-Pol Droit, "o útil sobrepuja até o verdadeiro"[3]. Uma doutrina cuja finalidade é a felicidade, ou a salva-

---
2. W. Rahula, *L'enseignement du Bouddha*, Paris, Seuil, 1961, p. 32.
3. *Le culte du néant*, Paris, Seuil, 1997, p. 12.

ção, a beatitude, pode ser uma religião, uma sabedoria. Não é uma filosofia.

A filosofia preocupa-se apenas com a verdade, mesmo que seja desesperadora, mesmo que seja mortal. Que verdade? Não se trata de dizer a verdade a respeito dos fenômenos astronômicos, ou físicos, ou químicos, ou biológicos, ou outros, ou a respeito do que aconteceu ou acontece no mundo, ou de buscar as leis que explicam ou descrevem a evolução das sociedades, ou aquelas que, se existem, governam os comportamentos ou os estados de alma. Tudo isso é objeto da ciência e das ciências. As ciências nos fazem conhecer o dado com o objetivo de prever, antecipar e agir. A finalidade das ciências é a utilidade e a técnica. Quem se interessa pelas leis de Faraday em si mesmas? Ninguém; mas a eletrólise tem imensas aplicações. A ação técnica é essencialmente circunscrita. Requer, da ciência, apenas a verdade circunscrita de que necessita. A ciência proporciona assim verdades sempre parciais. A ciência só existe no plural. Lidando apenas com o dado, não com o conjunto do real, só pode alcançar uma verdade estabelecida a partir do dado, não a Verdade, única e universal. Mas talvez haja apenas verdades objetivas parciais.

Se a filosofia visa a verdade, não é a verdade estabelecida a partir do dado, mas a verdade a respeito do conjunto do real, em que é preciso entender simultaneamente o dado e o além do dado.

O além do dado é o que se costuma chamar de metafísica. O termo é um pouco inadequado. Com efeito, na palavra "física" há a palavra φύσις, "natureza". A metafísica como o "além do físico" seria apenas o além da natureza e não, de maneira geral, o além do dado, já que, na própria natureza, há um além do dado: por mais que, efetivamente, se estenda a regressão ao infinito no tempo e no espaço, haverá sempre um além do ponto já atingido – um além do dado ou daquilo que poderia sê-lo. Se, por outro lado, a palavra φύσις for entendida no sentido grego, em que significa não a natureza como oposta a outra coisa – ao espírito, à história, à liberdade –, mas ao real em seu conjunto e em seu ser, não existirá então um além da natureza, nada será metafísico, e a metafísica não terá objeto. Essa palavra, de resto, não existia para os gregos, e, em santo Tomás, a *metaphýsika* é a ciência do sobrenatural. Isso significa que, numa filosofia em que a palavra "natureza" abarcasse o real em seu conjunto, a palavra "metafísica" deveria desaparecer? Mas dizer que, na natureza, haverá sempre um além do dado significa dizer que sempre haverá um além daquilo que as ciências físicas poderão alcançar: não será um além da φύσις, a qual, englobando todo o real, não tem além, mas um além da física como ciência. Nesse sentido, sempre poderemos falar de "metafísica".

Porém, se o sobrenatural existe ou não, é algo imponderável. Durante muitos séculos, acreditou-se poder responder a essa questão. Por um lado, "demonstrava-se" – entre aspas – que existe um Deus transcendente e pelo menos a possibilidade da imortalidade da alma; por outro, "demonstrava-se" que, para explicar o que há para ser explicado, ou seja o mundo, basta recorrer à infinidade da natureza e que a alma, como todos os produtos da natureza, era mortal. Mas não existe demonstração em metafísica. Pode-se apenas argumentar num sentido ou noutro. Quem diz "demonstração" diz prova, e a prova tem por caráter estabelecer a verdade de uma maneira universalmente convincente e isenta de qualquer dúvida. Não há nada semelhante em metafísica: senão a paz reinaria entre os filósofos. O argumento, ao contrário da prova, se estabelece uma possibilidade ou reforça uma probabilidade, deixa sempre subsistir uma dúvida. Vemos, por exemplo, os teístas darem várias "provas" da existência de Deus que são, na realidade, simples argumentos, pois, se houvesse "prova", uma única bastaria; e vemos, por outro lado, Lucrécio dar trinta "provas" da mortalidade da alma que, reunidas, não valem uma prova demonstrativa que, sozinha, bastaria. Uma demonstração, nota D'Alembert, não merece esse nome se não está "acima de qualquer suspeita"[4]. Posto que nenhuma "demonstração", em metafísica, está acima

---

4. *Essai sur les éléments de philosophie*, Fayard, 1986, p. 52.

de qualquer suspeita, não existe demonstração em metafísica. Por meio da dedução ou da síntese dialética, mas pretendendo demonstrar, os filósofos construíram sistemas. Sistemas: "sonhos de filósofos sobre questões metafísicas", diz D'Alembert[5]. Jean Cavaillès também fala desses "sonhos que são os sistemas"[6]. E Pascal comparava, dizem, Descartes a Dom Quixote (um Descartes lutando contra os moinhos de vento que ele próprio fabricara)[7]. Vale dizer que o ceticismo é verdadeiro. Entendamos: o ceticismo dubitativo que põe frente a frente as posições metafísicas incompatíveis, ou seja, Deus é ou não é, a alma é mortal ou não, o mundo é finito ou infinito, e assim por diante.

Pode-se objetar, talvez, que, se a ciência não pode, de modo algum, ajudar-nos a resolver as questões referentes ao sobrenatural, o mesmo não acontece com as questões cosmológicas. O mundo é finito ou infinito no espaço e no tempo? O universo em expansão que, a partir de uma origem, se dilata num espaço que já não é o espaço euclidiano aberto ao infinito, esse universo aparece fechado e sem além. Isso fala, aparentemente, se pensarmos na primeira das anti-

---

5. *Ibid.*, p. 49.
6. In *Revue philosophique*, maio-junho de 1935, p. 403 (resenha da obra "Les âges de l'intelligence" de L. Brunschvicg).
7. *Pensées sur la religion et sur quelques autres sujets*, ed. du Luxembourg (ed. Louis Lafuma), t. I, Paris, 1951, p. 554.

nomias kantianas da razão pura, em favor da tese finitista. A matéria é ou não divisível ao infinito? A análise da matéria pára atualmente nos quarks, e até hoje não se idealizou nenhuma experiência que permita fracionar os *quarks*. Se pensarmos na segunda das antinomias kantianas, a ciência fala, ao que parece, em favor do atomismo, quer dizer, mais uma vez em favor da tese finitista. Seja! Mas é próprio do progresso científico nunca se deter. Sabemos o que a ciência nos diz hoje. O que nos dirá amanhã? Mas consideremos como a palavra do Evangelho o que ela nos diz hoje. A imagem que nos oferece do universo e da matéria é uma imagem construída a partir do dado. Ora, o que é dado não é, de modo algum, a natureza no seu conjunto. Existe, pois, uma desproporção necessária entre a imagem científica do mundo, de um lado, e "a natureza inteira em sua soberana e plena majestade", de outro, para retomar as palavras de Pascal. Não que a ciência não tenha com o que fazer o filósofo refletir. No tempo presente, são sobretudo as descobertas da biotecnologia que fazem pensar, pela nova luz que lançam sobre a natureza do homem. A clonagem permitirá uma análise do ser humano com a qual nenhum psicólogo ousaria sonhar, já que, vendo o que acontece com meu clone, o que pensa, como se comporta, saberei o que é propriamente meu e resulta somente de minha vontade e liberdade e não do patrimônio genético. O clone de Montaigne acaso escreveria os *Ensaios*?

Acontece que, a respeito das questões propriamente metafísicas, o ceticismo é de direito. Queiram ou não, o ceticismo metafísico é o terreno comum de todos os filósofos de hoje. Mas vamos ficar na suspensão do juízo? O filósofo jamais poderia contentar-se com isso. E, aqui, o filósofo é o verdadeiro homem. Filosofar não é estranho ao ser do homem, como o fato de se alimentar mais disso ou do que daquilo, de exercer tal profissão e não outra, de ter tal opinião política ou crença religiosa. Pois, quer nos alimentemos de carne ou legumes, sejamos ourives ou varredores de rua, militemos no RPR* ou no Partido Socialista, sejamos cristãos ou muçulmanos, não somos menos homens. Enquanto o homem que já não fosse filósofo perderia seu estatuto de ser humano: seria como uma planta, um animal ou um deus. Escrevi que "o normal para o homem é não viver sem filosofar"[8]. É o que continuo achando. Heidegger diz muito bem: "Mesmo que, explicitamente, nada conheçamos de filosofia, já estamos na filosofia, porque a filosofia está em nós e faz parte de nós mesmos no sentido de que, desde sempre, filosofamos

---

* Sigla de Rassemblement pour la République (União para a República), um dos partidos políticos da França. (N. da T.)
8. *Analyse de l'amour et autres sujets*, Paris, PUF, 1997, p. 87.

[...]. Ser-aí como homem significa filosofar."⁹ Nenhum homem, de fato, vive sem ter alguma idéia da vida e da morte – alguma idéia do homem. Nesse caso, mais vale filosofar com plena consciência do que ser filósofo sem saber. Mas como filosofar quando a razão se encontra, de modo não provisório, mas definitivo, diante de indecidíveis? Como filosofar em regime cético? Coisa necessária, contudo, já que o simples fato de nos levantarmos de manhã significa que certa vida será escolhida, uma decisão será tomada.

Filosofar não é então simplesmente argumentar, mas meditar. Os argumentos permanecem mas, em si mesmos, não são decisivos. Essa é a opinião refletida, madura, do filósofo meditativo que, pesando de tal lado em vez de tal outro, chegará a uma decisão. A meditação é uma espécie de escuta, de auscultação de si mesmo. Trata-se de perguntar a si mesmo, na própria alma e consciência, em que se acredita realmente. O resultado da reflexão meditante não é a simples opinião, mas a "convicção vivida": assim Éric Weil traduz, numa passagem de Hegel, a palavra *Gesinnung*. O homem, na filosofia, "deve ao menos se elevar", diz Hegel, "a uma convicção vivida (*Gesinnung*) que torna indiferente para ele que os cem táleres de Kant se encontrem ou não

---

9. *Einleitung in die Philosophie*, Frankfurt am Main, Klostermann, 1996, p. 3; citado por J. Greisch, in *Revue des sciences philosophiques et théologiques*, outubro de 1997, p. 661.

em seu bolso, e igualmente indiferente que ele próprio esteja ou não na vida finita"[10]. Opiniões, filósofos ou não, todos nós temos: algumas flutuam segundo as influências, os humores e as modas, outras têm um caráter persistente e crônico. Mas as "convicções vividas", como resultado da injunção que impusemos a nós mesmos de nos pronunciarmos "na própria alma e consciência", essas convicções pertencem unicamente ao filósofo. Kant opõe à simples opinião a convicção firme cuja pedra de toque, diz ele, é a aposta: "Muitas vezes alguém exprime suas proposições com uma audácia tão confiante e tão intransigente que parece ter abolido toda suspeita de erro. Uma aposta o faz refletir. Às vezes ele se mostra persuadido o suficiente para avaliar sua persuasão em um ducado, mas não em dez. Efetivamente, ele arriscará o primeiro ducado, mas começará a perceber o que não notara até então, a saber, que é bem possível que esteja enganado. Imaginemos, em pensamento, que devemos apostar naquilo a felicidade de toda nossa vida; então, nosso juízo triunfante se eclipsa completamente, tornamo-nos extremamente temerosos e começamos a descobrir que nossa fé não vai tão longe."[11] Você diz acreditar que Deus

---

10. *Wissenschaft der Logik*, ed. Lasson, t. I, p. 74; citado por Éric Weil, in *Critique*, nº 288, maio de 1971, p. 480.
11. *Critique de la raison pure*, trad. fr. Tremesaygues e Pacaud, Paris, PUF, 1963, p. 554.

existe, ou que não existe, que a alma é imortal, ou não: você estaria pronto a pôr em jogo seus bens, ou melhor, sua saúde, ficando estabelecido, por exemplo, que se você estivesse enganado teria um câncer generalizado? Tal suposição, ainda que puramente fictícia, basta para mostrar a pouca solidez de uma crença.

Montaigne e Descartes filosofam em primeira pessoa. Por que eu não poderia fazê-lo? Arrisco-me assim a comunicar não minhas opiniões políticas, econômicas, que serão talvez diferentes amanhã, mas minhas "convicções vividas" que, sem serem imutáveis, pois nada é, evoluem lentamente e têm toda chance, agora, de permanecerem aproximadamente as mesmas até o final de minha vida. Tempos atrás, aconteceu-me falar aqui mesmo, em Toulouse[12], do sofrimento das crianças como um mal "absoluto", entendendo por isso um mal – uma desgraça – que eu julgava incompatível com qualquer Providência. Admito que o argumento não tem valor demonstrativo; senão a questão da existência de Deus seria resolvida de uma vez por todas – negativamente. Foi, em todo caso, resolvida para mim. De resto, passado algum tempo, a idéia de Deus – do Deus transcendente – pareceu-me ser apenas uma idéia vazia, sem objeto. Se não houvesse religião, seria impossível encontrar-lhe um sentido.

---

12. Em 1956.

A idéia de Deus não é uma idéia filosófica. As filosofias em que desempenha um papel são filosofias impuras, em que a pretensa "luz natural" tornou-se serva da religião. Mais do que verdadeiras filosofias e apesar de comportarem inúmeras análises e argumentos filosóficos, são ideologias religiosas: no Ocidente, ideologias cristãs. Como os sistemas de Descartes e de Kant.

Ora, se abandonamos a idéia de Deus, é todo um edifício que desmorona. Expliquei, em *Orientação filosófica*, como tive que abandonar a idéia do real em seu conjunto como Totalidade orgânica, as idéias de ordem universal, de Mundo sensato e, evidentemente, de Providência, mas também as idéias de Verdade (absoluta) e de verdade do homem (do homem de direito) e, finalmente, a idéia de ser. O resultado foi o niilismo ontológico. O que se deve entender por isso? Distinguirei o niilismo do ente do niilismo do ser. O niilismo do ser visa a noção de ser absoluto. O niilismo do ente visa o ser disto ou daquilo, desta mesa, desta cadeira. Na *pronau* do templo de Apolo Pítio, em Delfos, ao lado das famosas máximas, havia um *E* (epsílon) feito primeiro em madeira, depois em bronze, finalmente em ouro, na época de Augusto. No diálogo de Plutarco *Sobre o E de Delfos*, o filósofo platônico Amônio interpreta-o assim: *E* seria a primeira letra de εἶ, "tu és". Seria o modo de saudar o deus. Os Padres da Igreja, como Eusébio, Cirilo e Teodoreto, citaram essa passagem de Plutarco. Acaso Jeová não disse a Moisés (*Êxodo* 3, 14): "Sou Aquele que sou", ou seja, segundo a interpretação corrente: "Sou o ser cuja essência é ser", ao contrário dos seres finitos que, não sendo por essência, podem não ser. Montaigne, não por inspiração própria, é verdade, mas copiando Plutarco, escreve: "Apenas Deus é [...] não há nada que realmente exista além dele" (*Ensaios*, II, XII, p. 406). O niilismo de Montaigne é um niilismo do ente, já que os seres que não são Deus não são verdadeiramente, mas não é um niilismo do ser.

Ao contrário, separando-me nesse ponto de Montaigne, posto que rejeito a idéia de Deus e a idéia de um Ser absoluto ou supremo, sustento o niilismo do ser. Contudo, comentei Parmênides; mas o ἔστι parmenidiano não significa um Ser absoluto qualquer repousando em si mesmo, subsistindo por si mesmo, mas significa apenas que *existe*. Quanto *àquilo* que existe, são os *ónta*, os entes. Mas esses "entes" são realmente? A essa questão, minha resposta é igual à de Montaigne: niilismo do ente*. Montaigne, ao contrário de Des-

---

* Admito, decerto, que *existe*; mas contesto que *aquilo* que existe *seja* verdadeiramente. Posso dizer que o que existe são "seres", mas isso é apenas um modo de dizer, pois esses "seres", parece-me, não têm verdadeiro *ser*. Eles nascem, mantêm-se algum tempo na presença e depois morrem, e tudo se passa como se nunca tivessem existido. É que não existe coincidência entre o presente que, evidentemente, está sempre aí, eternamente aí, e *aquilo* que está

cartes, formula claramente o problema do ser: o que merece ser chamado de "ser", o que é verdadeiramente *ser*? "Por que, pergunta ele, assumimos o título de ser, desse instante que é apenas um clarão no curso infinito de uma noite eterna e uma interrupção tão breve de nossa condição perpétua e natural? – ocupando a morte toda a dianteira e toda a retaguarda desse momento, e ainda uma boa parte desse momento." (II, XII, p. 290) Cinqüenta anos de vida, ou oitenta, ou um pouco mais, o que é? Uma centelha na imensidão do tempo. Com exceção de uma breve interrupção, durante toda a duração do tempo infinito, ou ainda não somos ou já deixamos de ser: antes e depois de nós, ao infinito, a não-vida de Epicuro, a *mors aeterna* de Lucrécio. O materialismo é uma filosofia da morte. Estamos aqui muito próximos do materialismo – nem imortalidade da alma, nem uma vida qualquer após a morte –, muito próximos ou mesmo além. Pois o materialismo não coloca em questão a idéia de ser, como Montaigne. Viver tão pouco

---

presente. "O ser é sempre o presente, sempre a eternidade", escreve André Comte-Sponville (PUF, 1999, p. 81). Isso é verdade para o *existe*, não para *aquilo* que existe, que não coincide assim com o ser – o que se pode designar como "diferença ontológica". (Nota acrescentada após a leitura de *L'être-temps*, especialmente da página 155, com a nota 3 [trad. bras. *O ser-tempo*, São Paulo, Martins Fontes, 2000]. A divergência entre André Comte-Sponville e mim "consiste, por um lado, segundo ele, numa diferença de vocabulário; concordo com ele; porém, o que se exprime em seu "insistencialismo" e em meu "niilismo" – ontológico! – são, sem dúvida, diferentes relações com a vida.)

tempo, ser *tão pouco*, seria realmente *ser*? Se ao menos cada um dos pretensos "entes" conservasse alguma identidade própria, mas mudamos sem cessar: "Não há nenhuma existência permanente nem de nosso ser nem do ser dos objetos", constata Montaigne com Heráclito. "E nós, e nosso julgamento, e todas as coisas mortais vão escoando e passando sem cessar" (*l.c.*, p. 403). Conclusão? "Não temos nenhuma comunicação com o ser" (*ibid.*). Não é de "ser" que é preciso falar, mas de "uma obscura aparência e sombra".

A filosofia da aparência pura é o pirronismo – entendendo por isso, no sentido estrito, a filosofia de Pirro. A aparência "pura" não é a aparência de um *ser*, pois não há "ser" que não se reduza à aparência. A aparência não tem essência. O que isso significa? Consideremos, por exemplo, uma roseira no jardim. Existe um ser da roseira, invariável ao longo dos estados sucessivos dessa planta? Não: existem apenas esses estados sucessivos. Mas eu acaso não sou o mesmo com trinta ou sessenta anos, apesar de ter mudado? Não existe em mim um princípio permanente, minha "alma"? Podemos acreditar que sim, apesar de não termos nenhuma experiência disso, como mostrou David Hume. Mas o pirrônico não acredita: de um dia para o outro, não sou o mesmo, apesar de permanecer sempre aquele com quem mais me pareço. A vida é feita de momentos sempre novos, cada qual desaparecendo como uma onda que outra onda apaga. Decerto uma onda não se lembra, como eu me lembro. E é verdade que nada pode fazer com que o que foi não tenha sido, que o que foi vivido não tenha sido vivido. Pois, como diz Píndaro, "o próprio Tempo, pai de todas as coisas (Χρόνος ὁ πάντων πατήρ), não poderia fazer com que elas não tivessem acontecido" (II *Olímpica*, 32-33). As melhores coisas da vida tiveram *existência*; mas, precisamente, *tiveram existência*. E o pensamento de que aquele ou aquela que se amou, definitivamente, deixou de ser, oprime com uma irremediável tristeza a vida dos que ainda vivem. A aparência pura, a aparência absoluta é isto: a vida que passa sem nenhuma essência, sem deixar mais do que imagens. "Efêmeros" (Ἐπάμεροι), eis o que somos, diz Píndaro: "O homem é o sonho de uma sombra." (VIII *Pítica*, 136) E Sófocles: "Bem vejo que não somos, todos nós que aqui vivemos, nada mais do que fantasmas ou sombras ligeiras" (*Ajax*, 124-126) – sentença que Montaigne, para tê-la sempre diante dos olhos, mandou inscrever numa viga de sua "biblioteca". A vida é evanescente. Encontramos o ser amado. O que acontece então? "Os deuses lançam um clarão sobre o homem, diz Píndaro, uma luz brilhante o rodeia, e o tempo da vida escoa como mel" (*l.c.*, 137-139). Mas os dias felizes acabam. E a vida se torna visceralmente triste quando o ser amado deixa de existir. E, como existe apenas essa vida fugidia que se escoa como água, não há socorro em lugar nenhum.

Essa tristeza é principalmente a das pessoas idosas que perderam aquela, aquele ou aqueles que lhes eram necessários, a quem elas eram necessárias. Mas Hegel fala da "tristeza" (*Trauer*) que emana, de maneira geral, das coisas finitas[13], quando a "finitude" (*Enlichkeit*) é absolutizada, ou seja, quando é levada totalmente a sério, a desaparição daquilo que foi sendo considerada como definitiva e inapelável. Falando da tristeza, Montaigne diz que "não a aprecia nem a estima" (I, II, p. 13*). Mas a compaixão é uma paixão triste. Ora, Montaigne sente compaixão (sob esse aspecto, pode ser aproximado de Buda): "Nunca apanho animal vivo ao qual não devolva a liberdade" (II, XI, p. 152). Não gosta da caça e não pode "ver sem desprazer perseguirem e matarem um animal inocente, que está sem defesa e do qual não sofremos mal algum" (*ibid.*, p. 152). A rendição do cervo "rogando-nos mercê com suas lágrimas" é para ele "um espetáculo muito desagradável" (*ibid.*). Propõe "um dever geral de humanidade que nos liga não apenas aos animais que têm vida e sentimento mas até mesmo às árvores e às plantas" (p. 155), pois "as próprias árvo-

---
13. *Wissenschaft der Logik*, ed. cit., t. I, p. 117.
* *Ensaios*, I, São Paulo, Martins Fontes, 2ª ed., 2002.

res, diz ele, parecem gemer ante os golpes que lhes são dados" (I, XIV, p. 81). Vemos, hoje, as espécies desaparecerem. Como não sentir tristeza? Defendo as rolinhas, as focas, as baleias etc. Assim, o desaparecimento das coisas finitas sempre envolve tristeza. Há uma profunda melancolia da existência, que os gregos sentiram fortemente: "Tal é o destino que os deuses teceram para os mortais", lemos em Homero, "viver na angústia, enquanto eles, ao contrário, permanecem isentos de toda preocupação." (*Ilíada*, 24. 525-526) É triste que as espécies desapareçam, mas nem as rolinhas, nem as focas, nem as baleias são essenciais para nós. A tristeza que obscurece verdadeiramente a vida inteira é a da morte e do não-ser da pessoa única e insubstituível na qual depositamos nosso amor. O que perdemos então é realmente o mundo, com sua luz, seu pôr de sol, suas árvores e suas flores, pois estávamos habituados a vê-los com ela e, sem ela, já não sabemos vê-los.

Não discordo: a redução da vida à aparência pura, ou seja, à irremediável fugacidade – já que, como diz Montaigne, a própria permanência "não é outra coisa senão um movimento mais lânguido" (III, II, p. 27*) –, esse modo de ver me leva a ver na tristeza a tonalidade fundamental da vida, na qual se inscreve a alegria sem poder absolutamente apagá-la. Ora, nisso, já não sou pirrônico.

---

* *Ensaios*, III, São Paulo, Martins Fontes, 2001.

Ao contrário, afasto-me totalmente de Pirro. É essa diferença que devo agora explicar. O niilismo de Pirro não é somente um niilismo do ente e do ser, mas um niilismo quase universal, ao passo que eu me restrinjo ao niilismo do ente e do ser e, quanto ao resto, sou tão pouco "niilista" quanto possível.

Não sou niilista nem em ética, nem em moral, nem em política, nem em estética, nem, evidentemente, quando se trata de instruir e educar as crianças. Disse que o niilismo de Pirro era *quase* universal, pois, na verdade, Pirro não é niilista em ética. Relembrando: a ética, ou a sabedoria, responde à questão: para que serve a vida? Quanto à moral, ela diz respeito ao que devemos ao outro. Pirro pensa que não devemos nada ao outro. É niilista em moral. Mas, à questão "Para que serve a vida?", ele responde: para viver feliz. O caminho mais curto para alcançar a felicidade é, segundo ele, a indiferença. Pirro, que acompanhara Alexandre, o Grande, à Ásia, observara os usos e costumes de muitos povos. Chegou à conclusão que Pascal exprimirá pela célebre fórmula: "Verdade abaixo dos Pireneus, erro acima" (frag. 294 Br.) – exceto, evidentemente, por ele não saber que existia a cadeia dos Pireneus. "Ele sustentava", diz Diógenes Laércio, "que não existe nem belo nem feio, nem justo nem injusto, e, do mesmo modo, a respeito de todas as coisas, que nada é verdadeiramente, mas que em tudo os homens agem segundo a convenção e o costume, pois cada coisa não é mais isso do que aquilo." (IX, 61) Assim, não convém depositar confiança em nenhum juízo, afirmativo ou negativo, mas "devemos", explica Tímon, discípulo de Pirro, "ser sem juízos, sem inclinação para nenhum lado, inabaláveis" (segundo Aristócles, citado por Eusébio, *Preparação evangélica*, XIX, 18, 1-4). Montaigne mandará inscrever, numa viga de sua "biblioteca", a palavra ἀρρεπῶς, "sem tender para nenhum lado". Ora, continua Tímon, "o resultado dessa disposição é primeiro a afasia e depois a ataraxia"[14] – a ataraxia, ou seja, a ausência de "perturbação" (ταραχή) da alma, a tranqüilidade perfeita, a serenidade, a felicidade. Já que não existe "nem belo nem feio, nem justo nem injusto", podemos falar de niilismo estético, de niilismo moral. Mas, já que a ataraxia tem mais valor do que seu contrário, a felicidade sendo preferível à infelicidade, não podemos falar de niilismo ético.

'Αρρεπῶς, "não tender para nenhum lado": Montaigne não permanecerá nessa indiferença, nessa imperturbabilidade. Sabemos com que força se pronunciará contra a intolerância, os processos de bruxaria, a questão judiciária, a tortura, a crueldade e todas as formas de inumanidade. Há, decerto, uma extrema diferença entre o bem e o mal, o belo e o feio, o justo e o injusto. Nesse campo, não podemos deixar de concordar

---

14. Cf. *Pyrrhon ou l'apparence*, Paris, PUF, 1994, p. 61.

com ele. Contudo, não seria razoável, como Pirro, querer a felicidade? Para que serve a vida? Para se viver feliz. Seria essa também a resposta de Montaigne. Mas, como eu disse no começo, a filosofia é a busca da verdade; não é a busca da felicidade, apesar do que pensa Espinosa. Pois não temos nenhum direito de pressupor que a verdade provocará necessariamente regozijo. Além disso, assim como o prazer, segundo Aristóteles, não é o fim da atividade, mas "uma espécie de fim que se ganha como prêmio" (*Ét. Nic.*, X, 4, 1174, b 32), a felicidade também é obtida principalmente quando não a buscamos; o que acontece, em particular, com a felicidade produzida pela atividade do filósofo. E, depois, existe uma certa espécie de felicidade que, longe de ser o fim da busca filosófica, é sua condição. É muitas vezes uma certa felicidade doméstica que permite ao filósofo consagrar-se à reflexão, à meditação, com o espírito livre. Foi assim com Montaigne e Bergson, com Hegel, com Heidegger e também, talvez, com Sócrates e Platão. A ética do filósofo, como eu a entendo, não será pois uma ética, ou uma sabedoria, eufórica. Eu diria, antes, uma sabedoria "trágica". Se acreditarmos no desaparecimento fatal de todas as coisas, que "correntes mutáveis nos arrastam", como diz Píndaro (II, *Ol.*, 62), será preciso, então, nada menos, em primeiro lugar, que uma decisão resoluta de viver; em segundo lugar, será preciso dar o maior valor possível a essa vida para, se fizermos tábula rasa de toda ilusão e ficção, encarar uma verdade que pode abolir a esperança. De resto, a tonalidade fundamental de uma vida que se sabe mortal é necessariamente a tristeza. A sabedoria trágica, heróica, exige que essa tristeza seja superada todos os dias ao longo de cada dia; exige também que, especialmente com relação ao outro, que devemos evitar entristecer, se estabeleça o direito à alegria. Em suma, da perspectiva do niilismo, a chave da sabedoria é a coragem.

Afirmei que esse niilismo não se estendia mais à moral do que à ética. Montaigne viu bem, aqui, os limites da posição pirrônica. Pois não poderíamos duvidar de nosso dever. Ou, mais precisamente, digamos que há um dever de que não poderíamos duvidar. O dever moral tem, como viu Kant, a forma de um imperativo incondicional. Se o outro precisa de um socorro que apenas eu tenho condições de dar, o dever que tenho de ajudá-lo é o que há de mais indubitável no mundo. Se vejo uma criança afogando-se no rio, uma criança que eu e apenas eu posso salvar, posso, como Descartes, colocar em dúvida a existência do rio, como se se tratasse de um sonho, mas não posso duvidar de meu dever de salvar a criança, ou de tentar fazê-lo. Naturalmente, se houver outras pessoas comigo à beira da água, será menos evidente que caiba a mim a tarefa de socorrer. Temos obrigação, antes de tudo, com relação às pessoas que se ligam a nós por laços de parentesco ou amizade, de tal modo que lhes somos indispensáveis. Mas devemos socorrer as pessoas vítimas de um terremoto no Irã. Também esse dever é incondicional. Mas o sujeito da obrigação é aqui a sociedade inteira. Pois há um dever de solidariedade de todos os humanos com relação a todos os humanos. Esse dever não é pois necessariamente o meu, especialmente se eu não tiver dinheiro. Ao passo que, se um de meus parentes, ou um de meus amigos, tem apenas a mim para ajudá-lo a viver, e talvez a morrer, então o dever de ajudá-lo é absolutamente *meu* dever, que se impõe por si mesmo, independentemente de todo sentimento de piedade ou amor. Tal dever absoluto pode existir com relação a um ser humano qualquer, mesmo que ele me seja totalmente desconhecido, mesmo que seja meu inimigo. Durante a guerra de 1870, uma mulher socorreu um prussiano ferido apesar de, reconhecendo o relógio que ele usava como sendo de seu filho, ter nele adivinhado seu assassino; cuidou dele até o momento em que já não era a única a poder cumprir esse papel.

Já que se trata de ajudar o outro a viver ou a viver melhor, não devemos, evidentemente, fazê-lo morrer. O aborto, que consiste em impedir que aquele que seria um ser humano normal veja o dia, é injustificável de direito. Já no século I o cristianismo condenou o aborto provocado. Contudo, os motivos religiosos só valem para os crentes. Mas as razões puramente morais têm valor universal. "Desde o momento em que, projetando-o nos territórios que a luz banha, a natureza o arranca com esforço do ventre da mãe, a criança jaz completamente nua, no chão, incapaz de falar, desprovida de tudo o que a ajuda a viver": tais são as palavras de Lucrécio (V, 222-225), para quem, como para todo ser razoável, o primeiro dever moral é o dever para com a criança, pois ela é fraca por natureza. Ora, a criança por nascer é ainda mais fraca. Viverá ou não viverá? Exceto em caso de perigo para a mãe ou para a criança, não vejo que razões poderiam justificar, aqui, uma decisão mortal. Os que me conhecem dirão talvez que eu seja, no caso, muito diretamente interessado. De fato, minha avó paterna, quando esperava meu pai, por já ter filhos e por ser muito pobre, quis abortar. Ao que meu avô lhe disse: "Se você continuar a falar assim, não precisa mais colocar os pés em casa." Assim, se o aborto, naquela época, fizesse parte dos costumes, meu pai não teria existido, nem eu. Sou, portanto, altamente interessado. Não deixo contudo de estar certo.

Depois da interrupção voluntária da gravidez, a guerra. A guerra pode ser justificada de muitas maneiras, mas nenhuma dessas justificativas tem o caráter de uma justificativa moral. De fato, no sentido moral do termo, não existe guerra "justa", já que toda guerra torna-se injusta ao primeiro inocente morto. "Age de tal modo que possas querer que a máxima de tua ação seja elevada a lei universal": tal é, segundo Kant, a fórmula do imperativo moral. Se eu recusar em qualquer circunstância participar de uma guerra qualquer, poderei certamente querer que a máxima de minha ação torne-se uma lei universal, já que, nesse caso, a guerra deixa de ser possível, por falta de combatentes. Convém, pois, não apenas ser pacífico, mas pacifista. Isso não significa que a propaganda pacifista seja aceitável – e tolerável – em todas as circunstâncias. Só o é se, e somente se, puder atingir indiferentemente amigos e inimigos. Não era assim no imediato pré-guerra, pois os alemães eram então totalmente impermeáveis a tal propaganda. Por isso não estou certo de poder aprovar Jean Giono por ter publicado sua *Refus d'obéissance* [Recusa de obediência] em 1937, mesmo que ele diga: "o que digo só diz respeito a mim"[15].

Falando de "moral", deixo aqui de lado a questão do fundamento[16]; apelo simplesmente à experiência de cada um. *L'expérience morale* [A experiência moral] é o título de uma obra de Frédéric Rauh. Segundo ele, não bastaria escutar a

---

15. *Refus d'obéissance*, Paris, Gallimard, 1937, p. 12.
16. Cf. *Le fondement de la morale*, Paris, PUF, 1995.

consciência antes de agir; seria preciso *experimentar* o que diz a consciência, consultando o que ele chama de "homens competentes". Mas podemos duvidar de que a noção de "competência" esteja aqui em seu lugar. A experiência moral é a experiência do dever que temos, e sobre o qual não nos cabe decidir, de vir em socorro do outro para ajudá-lo a viver ou, como disse, a "viver melhor". "Viver melhor" pode significar morrer melhor. Se a pessoa que mais necessita de mim está num leito de hospital sofrendo sem nenhuma esperança, quem pode decidir não prolongar abusivamente sua vida empregando toda a parafernália médica? Quem pode exigir que se utilizem os mais eficazes analgésicos para suavizar seus últimos momentos? Quem pode "desligar os aparelhos"? O médico como médico? De modo algum. O médico só é competente em medicina. Sabe, em princípio, o que deve ser feito para que o paciente viva ou deixe de viver, mas deve-se mantê-lo vivo ou ajudá-lo a morrer, ou mesmo, apressar-lhe a morte? Isso não depende de determinada competência e ainda menos dos axiomas de determinada Igreja, mas de um simples sentimento de humanidade.

Depois da eutanásia, o suicídio. "A morte mais voluntária é a mais bela", diz Montaigne (II, III, p. 31). Seja! Concordo plenamente. Que eu possa deixar a vida quando bem entender é a coisa mais natural do mundo. Ninguém mais do que eu, no caso, é juiz de minhas derradeiras razões. E é melhor que a morte sobrevenha como a palavra que conclui uma frase, e não como a tesourada do censor. Mas, freqüentemente, o dever moral obsta à realização de nossos desejos. Também aqui pode ser esse o caso. Tenho, sem dúvida, o direito moral de realizar minha própria morte, apesar de continuar podendo ser útil aos outros, se não lhes sou indispensável. Mas realizar minha morte quando não apenas posso ser útil ao outro, mas quando lhe sou mesmo indispensável, seria uma falta moral de extrema gravidade. Contudo, mesmo quando não somos indispensáveis ao outro, devemos hesitar bastante em realizar nossa própria morte se tal ato tiver grande chance de provocar, naquele (ou naquela) que nos é próximo(a) por parentesco ou espírito, ou um sofrimento moral difícil de superar ou a desesperança e a perda de confiança na vida. Não pode acontecer que alguém diga, ainda que por um falso raciocínio: "Ele provocou a própria morte; isso significa que a vida não vale a pena ser vivida."

Um outro campo, enfim, no qual o niilismo não poderia ser admitido, é a estética, entendendo-se por essa palavra, com Hegel e a tradição, a "ciência – ou melhor, a filosofia – do belo". O vocabulário de Lalande dá a seguinte definição: "Ciência que tem como objeto o juízo de apreciação quando ele se aplica à distinção entre o Belo e o Feio." Mas a estética não poderia ter como objeto unicamente o juízo; não há nenhum motivo para não se interessar pela beleza em si. Houve época em que os alemães distinguiam a estética e a ciência da arte, a *Kunstwissenschaft*. Essa distinção deverá ser retomada se a arte contemporânea, que já não visa, talvez por incapacidade, produzir obras belas, ainda for uma arte.

Para os artistas do Renascimento, observa André Malraux, "a grande arte é irrefutavelmente beleza"[17] – uma beleza, acrescenta, que é nada menos que "o estilo da imortalidade". Baudelaire vê, no "amor exclusivo do Belo", a "condição geradora das obras de arte"[18]. Também para Oscar Wilde "o artista é um criador de beleza"[19]. As coisas mudaram. Não que o objeto artístico deva ser feio. Trata-se de aplicar um "princípio de indiferença"[20]. Esse princípio se resume na fórmula-chave do pirronismo: "Não é mais assim que assim ou nem mais um que o outro."[21] O produto da atividade do artista não é mais feio que bonito ou nem feio nem bonito. O niilismo pirronista reaparece. Niilismo estético, mas não artístico, se

---

17. *L'homme précaire et la littérature*, Gallimard, 1977, p. 53.
18. "Théophile Gautier", in *Oeuvres complètes*, Gallimard, Pléiade, t. II, p. 111.
19. *O retrato de Dorian Gray*, Prefácio.
20. Assim chamado por Éliane e André Burnet, in "De la rupture entre art et beauté", *L'enseignement philosophique*, março-abril de 1998, p. 23.
21. Cf. *Pyrrhon ou l'apparence*, p. 7.

é de "arte" que se trata. Para os artistas que participam da modernidade, as considerações estéticas são alheias à arte, como eles a entendem. O procedimento estético e o procedimento artístico se separam. Isso nos convém e permite que nos restrinjamos à estética como reflexão sobre o belo.

Ora, o exemplo da tendência niilista da arte mostra que não se deve contar com a arte para nos dar necessariamente o belo. Felizmente porém, a beleza continua presente: é uma paisagem, uma ruína, um pôr de sol, um arco-íris, uma borboleta, uma flor, um sorriso. Em Élis, em Olímpia, bastava a Pirro olhar em volta para ver refutado seu niilismo. Ao contrário de Pirro, os gregos, de modo geral, tinham olhos para a beleza do mundo. Ὁ κόσμος κάλλιστος τῶν γεγονότων, "Este mundo, a mais bela das coisas nascidas", diz Platão (*Timeu*, 29 a); ὁ κάλλιστος, ὁ κόσμος, "a mais bela ordem, a ordem do mundo", diz Heráclito (frag. 124 DK). Magnífica é a linguagem de Aristóteles em seu diálogo περὶ φιλοσοφίας, aqui citado por Cícero (*De nat. deor.*, II, 37, 95 = frag. 12 Rose): "Suponhamos", diz ele, "que existissem seres que sempre tenham morado embaixo da terra, em belas moradas bem iluminadas, ornadas de estátuas e afrescos e providas de todo mobiliário que vemos abundar na casa daqueles que são considerados os bem-aventurados do mundo. Esses seres jamais teriam saído de seus subterrâneos para subir à Terra, mas teriam ouvido dizer, por boatos, que existem deuses dotados de majestade e poder. Em seguida, após algum tempo, uma passagem no solo se abriria e eles escapariam de suas moradas subterrâneas e subiriam até os lugares onde moramos. Então, quando de repente vissem a terra, o mar e o céu, observassem a vasta extensão das nuvens e a força dos ventos, vissem o sol e reconhecessem não apenas sua grandeza e beleza, mas a ação eficaz que exerce produzindo o dia com sua luz que se espalha por todo o espaço do céu; e, à noite, quando as trevas cobrem a Terra, vissem todo o céu ornado com a tapeçaria multifacetada das estrelas, as mudanças da Lua que ora cresce, ora mingua, o nascer e o pôr de todos os astros, seu curso fixo e imutável durante toda a eternidade – quando vissem todas essas coisas, acreditariam, evidentemente, que existem deuses e que tantas maravilhas são obra deles."[22] Deixemos os deuses de lado: resta um hino à beleza do mundo – beleza que supõe, para ser percebida em sua evidência, o olhar do homem contemplativo, e não o olhar daquele que, do mundo, quer se tornar "amo e possuidor".

Ora, o que há no mundo de mais belo? "Alguns estimam que a mais bela coisa que existe sobre a Terra sombria é um bando de cavaleiros

---

22. Trad. fr. Festugière, in *La révélation d'Hermès Trismégiste*, t. II. *Le Dieu cosmique*, Paris, Ed. Gabalda, 1949, p. 230.

ou uma infantaria; outros, uma esquadra de navios. Para mim, a coisa mais bela do mundo é, para cada um, aquilo pelo que está apaixonado." Assim fala Safo (frag. 27 Reinach). O que há de mais belo: a figura e o corpo humanos, já que são eles que, idealizados, atribuímos aos deuses. Assim, quando a perfeita beleza é encontrada num rapaz ou numa moça, é sinal da presença do divino. Heródoto (V, 47) conta que um rapaz de Crotona recebeu, depois da morte, "em razão de sua beleza", honras divinas. Erigiu-se uma capela sobre sua tumba; ofereciam-lhe sacrifícios. Nícias, em Plutarco (*Nícias*, 3), liberta um jovem escravo belo como um deus: teria sido "pouco religioso", diz ele, mantê-lo cativo. Isócrates, em seu *Elogio de Helena*, nos diz que Helena, a primeira em beleza – "o mais divino dos bens" (§ 54) –, foi agraciada com a imortalidade (§ 61) e conseguiu que o marido, Menelau, recebesse a mesma graça: em Lacônia, ofereciam-lhes sacrifícios como a deuses (§ 63).

Contudo, Sócrates, a respeito de Cármide, cuja beleza é celebrada por todos, gostaria que à beleza do corpo se somasse uma "pequena coisa" (σμικρόν τι), a beleza da alma (*Cármide*, 154 d). Assim, uma pode existir sem a outra. Nos deuses de Homero, constatamos que a alma é na maior parte das vezes vil se o corpo é belo. E, num sentido contrário, isso pode ser constatado no próprio Sócrates, cuja aparência de sátiro dissimula a beleza interior (*Banquete*, 216 e). Antes que Oscar Wilde tivesse mostrado, em *O retrato de Dorian Gray*, a discordância que pode haver, com relação à beleza, entre corpo e alma, os gregos já sabiam bem que o καλοκάγαθός é somente um ideal.

Ora, qual beleza realmente importa, a do corpo ou a da alma? E por que Sócrates, no dizer de Alcibíades, despreza a primeira (*Banquete, ibid.*)? Em primeiro lugar, porque o que é da ordem do tempo, estando à mercê do Tempo, não existe verdadeiramente, como afirma Platão (*Timeu*, 27 d) antes de Pirro. Como Safo constata: "Beleza só permanece no efêmero de um olhar" (frag. 48 Reinach, trad. fr. Battistini). Mas existe uma outra beleza, acrescenta, que "beleza hoje será beleza amanhã". Pois, se o corpo de Sócrates reduziu-se há muito tempo a poeira de átomos, sua sabedoria interior que, diz Platão, dava-lhe uma alma de "beleza tão completa" (*l.c.*), essa sabedoria continua a nos iluminar.

Existem muitas diferenças entre os homens, entre as almas. Plutarco diz não encontrar uma diferença tão grande de um animal a outro como de um homem a outro no que se refere à qualidade e às qualidades da alma[23]. E Montaigne: "Eu iria além de Plutarco e diria que há mais distância entre tal e tal homem do que entre tal homem e

---

23. *Que les bêtes usent de raison*, 992 e.

tal animal" (I, XLII, p. 384). Pascal observa que "as pessoas comuns não vêem diferença entre os homens" (frag. 7 Br.), enquanto aos olhos das pessoas de espírito os homens são muito diferentes. Pois a diferença entre o belo e o feio, o nobre e o ignóbil, o delicado e o vulgar, no homem, vai de um extremo ao outro. As almas belas (καλαὶ ψυχαί) se reconhecem, nos diz Damon, o Músico (B 6 DK), conselheiro de Péricles, por amarem o que é nobre e belo. Foi-me concedido encontrar tal alma. O modo como Marie-Thérèse, de quem falo em *Ma vie antérieure* [Minha vida anterior], olhava e via o mundo e os seres vivos me mostrava, me revelava, a cada vez, a beleza. Seu olhar, agora, me faz falta; sem ele, já não sei ver.

As almas são perecíveis? *Almas mortas* é o título de um romance de Gogol. Mas uma alma acaso pode morrer? E uma alma bela em particular? Segundo Crisipo, as almas belas, as almas dos sábios, permanecem vivas até a conflagração universal (ἐκπύρωσις), o que significa que a duração de sua vida é igual à do mundo, enquanto as almas feias, as dos "insensatos", sobrevivem apenas certo tempo: talvez seja mesmo preciso acreditar, a nos fiarmos num texto de Diógenes de Enoanda (frag. 35 Chilton), que elas perecem no mesmo instante em que se separam do corpo. O que acontece com a morte? O corpo não é aniquilado mas transformado: "Em breve a terra cobrirá todos nós, depois ela própria mudará; e depois as coisas mudarão ao infinito; e depois novamente ao infinito." (Marco Aurélio, IX, § 28, trad. fr. Grateloup) Mas a alma, o princípio da unicidade e da singularidade espirituais, só pode ser mudada permanecendo ela mesma. Uma pessoa não pode se tornar outra. Só pode sobreviver ou ser aniquilada, como uma vela que se apaga. Ora, a aniquilação de uma alma não é mais difícil de conceber do que sua permanência após a morte? "Nada nasce do nada" é um princípio fundador do pensamento grego que tem seu correlato neste outro princípio: "nada é aniquilado". Como alguma coisa pode se tornar nada? O materialismo se pretende racionalista: existe uma bela falha nesse racionalismo! Ao contrário, concebemos facilmente a permanência da alma, já que as almas daqueles que amamos permanecem em nós. A presença permanente, em nosso espírito, de uma alma pessoal e da inspiração particular que ela representa, deve ser distinguida da lembrança, mesmo que certas imagens, evocadoras de momentos comoventes, possam facilitar o sentimento dessa presença. Ora, se as almas permanecem em nós, por que não em si mesmas? Isso é inconcebível, dirão. Mas o contrário seria concebível?

Esse questionamento e essa hesitação a me decidir, quanto ao destino das almas, pela aniquilação e pelo não-ser poderão talvez surpreender. Mas trata-se de uma hesitação da razão. Não questiono o niilismo metafísico que adotava há pouco; ou melhor, se o questiono, é para confirmá-lo imediatamente. "Ateu", nem mesmo isso sou, pois não pronuncio a palavra "Deus", mesmo para a declarar sem objeto. Mas, primeiro, as duas questões: "Existiria um Ser supremo?" e "Seria a alma imortal?", longe de estarem necessariamente ligadas, devem ser dissociadas[24]. Sobre uma, atenho-me ao que já disse; sobre a outra, mesmo levado, pela força de uma "convicção vivida" e de uma longa meditação sobre a morte como não-ser, a admitir a aniquilação da alma, é verdade que agora recuo, concebo reticências: interrogo-me. Além disso, e principalmente, devemos considerar o que segue: o niilismo, tal como o entendo, nada tem de dogmático; é uma opção meditada que se define com base num ceticismo inevitável. Ora, a singularidade do ceticismo consiste em nunca se fixar, mas em ser cético com relação a si mesmo. Montaigne, após a crise cética de 1576, reage contra esse ceticismo naquilo que ele tinha de universal; descobre-lhe os limites e que existe algo de que não podemos

---

24. Sobre esse ponto, concordo com Alain Postel: "Sempre considerei como distintos o problema da existência de um Ser supremo e o da imortalidade. São duas eventualidades sem relação que se colocam independentemente e que dispensam perfeitamente uma à outra", *Psychanalyse d'une incroyance*, Neuvic-Entier, Ed. de la Veytizou, 1994, p. 61.

duvidar: os valores morais, como a honestidade, a veracidade, a bondade e outros.

Irão me dizer: sua dúvida e sua perplexidade surgem por você não aceitar que a alma de Marie-Thérèse, tão bela, tão engenhosa, e que lhe embelezava o corpo, mesmo na extrema velhice, que essa alma esteja aniquilada. Seja! Mas minha posição acaso é menos filosófica? O filósofo deveria desconsiderar o que acontece com ele? Quisera Deus, ou a Fortuna, que Descartes ou Kant tivessem tido sua Marie le Jars de Gournay, sua Clotilde de Vaux ou sua Régine. A mortalidade da alma, como sua imortalidade, não poderia ser um dogma. Devemos sempre nos interrogar, examinar. A filosofia é isto: sempre buscar a verdade, mesmo que nunca a encontre. O espírito do ceticismo e o espírito da filosofia são uma única e mesma coisa. A filosofia é cética em sua própria essência. Ceticismo e filosofia são uma única e mesma coisa. Por isso não existe fim da filosofia. A filosofia não conhece parada: "Tomei um caminho pelo qual [...] avançarei tanto quanto houver de tinta e de papel no mundo", diz Montaigne (III, ix, pp. 239-40). O dogmático é o filósofo que pára cedo demais. Ele prende a verdade nas malhas do sistema e acredita que a questão está resolvida. O que é o homem? O que ele significa? O que significa a morte? Essas questões desembocam num grande vazio. As religiões, as metafísicas, por meio de toda espécie de ficções, tentam preencher esse vazio. Mas o abismo não tem fundo. "A verdade está no fundo do poço", diz Demócrito (frag. 117 DK) – exatamente: um poço sem fundo.

Em suma, o enigma do homem permanece – e também a filosofia, como tentativa sempre recomeçada. Ora, que sentido há em recomeçar sempre? O sentido não está no resultado, pois que "resultado" a filosofia poderia considerar? Não está num progresso qualquer, pois que "progresso" a filosofia teria feito desde os gregos? Se a filosofia é em si mesma σκέψις – exame, reflexão, questionamento –, ela é busca infinita. Mas o sentido da busca não é a descoberta, o achado? O sentido do movimento não é seu fim, o repouso? Isso não parece necessário. Para que o movimento tenha um sentido, não é necessário que tenha um fim; basta que tenha uma direção, uma orientação: talvez, por exemplo, uma tendência, uma propensão. Há um sentido em filosofar desde que haja busca, movimento orientado. Isso não implica que se saiba para onde se vai, mas apenas, de maneira negativa, para onde não ir. Os caminhos da filosofia são, diz Heidegger, *Holzwege*, "caminhos que não levam a parte alguma". Se filosofamos sabendo para onde vamos, onde queremos chegar, já não é filosofia e sim ideologia. Eis o que eu escrevia numa outra época, em "Preliminares" de *Orientação filosófica*: "Avançamos *de ré*, sem saber para onde ir nem para o que íamos, no fundo de nós mesmos, mas sabendo, em todo caso, para onde não podíamos ir e que caminhos não poderiam ser os nossos." (p. 47) Avançando *de ré*, percorremos um caminho que se define pouco a pouco. Que caminho? Só ficamos sabendo depois. O filósofo se define etapa por etapa, olhando para trás. "Quem sou eu?", pergunta-se. Só descobre no fim – um fim que intervém de fora, com o acidente da morte. Então, o caminho chega, necessariamente, ao final. Mas nada mais era que um caminho.

Agora, conforme à tonalidade geral de minha proposta, que me seja permitido citar Píndaro (XII *Ol.* 6-18):

As esperanças humanas,
lançadas para as alturas, lançadas para os abismos,
fendem um mar
de ilusões inconsistentes;

neste mundo, ninguém ainda encontrou
um signo certo das coisas futuras;
nenhum deus o revelou;
voltados para o futuro, nossos pensamentos são cegos.
Muitas vezes o acontecimento frustra a expectativa:
um perdeu a alegria, outro que uma tempestade
de desgostos acabara de assaltar,
num instante pôde acalmar suas penas
no profundo porto da felicidade.

A solidão e o sagrado

O que sabemos ao certo? Seria plausível que a natureza, que acredito indefinidamente inovadora e criadora, detenha seus esforços nos limites do universo do *big bang*? E que o infinito se reduza a um cantão, por mais vasto que seja? Schopenhauer viu certo: na primeira das antinomias kantianas da razão pura e, aliás, também na segunda, a tese e a antítese não devem ser postas no mesmo plano. A tese, que atribui ao mundo um começo no tempo, limites no espaço, é apenas uma roupagem filosófica, e aliás sofística[25], do dogma monoteísta da criação. Apenas a antítese, que reconhece a infinidade do mundo no tempo e no espaço, responde à intuição cósmica tal como Pascal a exprimiu brilhantemente. Mas convém substituir a palavra "mundo" pela

---

25. *Critique de la philosophie kantienne*, in *Le monde comme volonté et comme représentation*, trad. fr. Burdeau, t. II, PUF, 1943, p. 92.

palavra "natureza". Vemos imediatamente que é insuportável dizer que a natureza é limitada no espaço e teve um começo no tempo. Devemos nos exprimir como Pascal: "Que o homem contemple pois a natureza inteira em sua imensa e plena majestade [...], que a Terra lhe pareça um ponto comparada à vasta órbita que esse astro descreve, e que se espante por essa vasta órbita, por sua vez, ser apenas um delicadíssimo ponto com relação àquele que os astros que giram no firmamento abarcam. Mas, se nossa vista pára aí, nossa imaginação é ainda mais restrita; ela se cansará mais depressa de conceber que a natureza de fornecer. Todo esse mundo visível [a saber, o universo do *big bang*] não passa de um traço imperceptível no amplo seio da natureza. Nenhuma idéia chega-lhe aos pés. Por mais que inflemos nossas concepções para além dos espaços imagináveis, não conseguimos criar nada além de átomos em comparação com a realidade das coisas. Trata-se de uma esfera em que o centro está em toda parte, e a circunferência em nenhuma" (frag. 72 Br.). Mas Pascal acrescenta, sem nenhuma necessidade: "Em suma, é a maior característica sensível da onipotência de Deus que nossa imaginação se perca nesse pensamento." De onde lhe vem essa idéia de Deus? Da religião, não da filosofia. Deixando de lado a religião, deixamos também de lado a idéia de Deus. A evidência é apenas a da natureza que podemos considerar, com Anaximandro, como uma plenitude infinita ou, com Epicuro, como um campo infinito de iniciativas. "O que é um homem no infinito?", pergunta Pascal. Escrevera inicialmente: "na natureza". O que é um homem, ou mesmo, o que é o homem na natureza? Sem dúvida, infinitamente pouco. Mas podemos dizer isso de qualquer ser vivo, de qualquer espécie viva. O que o homem tem de particular, que o distingue? O que faz dele a Exceção? Provavelmente isto: não apenas é sozinho, mas é sozinho ao ser único. O homem é o ser vivo que é e se sente único. Único, apesar de tudo falar na natureza. Tudo rumoreja de linguagens que ele não entende. Talvez o poeta capte algo dessas linguagens, mas o enigma só se torna mais presente. O homem só se relaciona verdadeiramente com o homem. "Homens", os homens só podem ser homens juntos; que se amem ou se odeiem, pactuem ou se combatam, se entendam ou não se entendam, é sempre com base no mútuo reconhecimento de sua essência e de seu estatuto de seres humanos. Ora, como a questão de uma realidade transcendente foi deixada à religião, sem a qual os homens podem muito bem viver, como vemos todos os dias, resta a questão do sagrado. O sagrado se vincularia de tal modo à religião que estaria, como ela, completamente excluído da experiência humana e do mundo humano? Ou ainda restaria algo dele? É a essa questão que me proponho responder.

Mas, primeiro, como entender o sagrado? O sagrado é a categoria específica do religioso como tal. Contudo, deixar a religião de lado não significa que não possa haver, no quadro da experiência humana ou do mundo humano, algo que tenha uma espécie de afinidade ou de laço com o sagrado. Esse "algo" parece-me ser o demônico. Empresto essa categoria de Goethe: "O demônico", diz ele, "se manifesta das mais variadas maneiras em toda a natureza, seja ela visível ou invisível."[26] O "demônico" não é o "demoníaco". Eckermann pergunta a Goethe: "Mefistófeles não tem traços demônicos?" "Não", responde Goethe. "Mefistófeles é um ser demasiadamente negativo; o demônico se revela numa atividade inteiramente afirmativa."[27] O demônico difere do demoníaco como o positivo do negativo.

O que seria então o "demônico"? O demônico é um elemento do sagrado que, por exclusão do sobrenatural, dissociou-se dos outros elementos e se encontra isolado, de maneira autônoma. Convém pois analisar primeiro a noção de "sagrado".

Devemos o que me parece ser a melhor análise dessa noção a Rudolf Otto (em seu livro *Das Heilige*, publicado em 1917, traduzido para o francês, nas edições Payot, por André Jundt em 1949). A noção de "sagrado", tomada em seu mais rico

---

26. *Conversations de Goethe avec Eckermann*, trad. fr. J. Chuzeville, Gallimard, 1949, p. 333.
27. *Ibid.*

e completo sentido, que é, segundo Otto, o sentido cristão, pois tanto para ele como para Hegel o cristianismo é a religião "mais perfeita", essa noção, digo, é complexa. Comporta elementos racionais e morais, como "Deus" (o Deus racionalizado das Sumas teológicas e dos Catecismos), "espírito", e "perfeição", "onisciência", "onipotência", "bondade", "vontade", "Providência" etc., mas também um elemento irracional e inefável, ἄρρητον, que é o sagrado na sua pura e primitiva essência, e que Otto chama de "numinoso". O numinoso é o princípio vivo de todas as religiões: podemos conceber uma religião sem este ou aquele elemento racional, mas não sem *númen*, quer dizer, sem entidade sobrenatural e sem "numinoso". A emoção religiosa é um estado de recolhimento solene e de comoção perante o numinoso. Quais são os caracteres do "numinoso"? Ele é o *mysterium tremendum*, "o mistério que faz estremecer". Por *mysterium* deve-se entender o "completamente outro", a saber, uma realidade incomensurável com relação ao que entendemos habitualmente por "real", e que desconcerta a razão; *tremendum*, que faz tremer, o que é evidente. Marie Noël, cuja experiência religiosa é indubitável, escreve numa "nota íntima": "O Destino do homem se opera sob a malignidade eterna de uma Força má."[28] Ela isola,

---

28. *Notes intimes*, Paris, Stock, 1959, p. 309.

substancializa e redobra de malícia o lado avassalador do numinoso. Junto com a comoção perante a estupenda potência e a preponderância absoluta – a *majestas* – do objeto numinoso transcendente, o que há, diz Otto, é o "sentimento da criatura que se aniquila em seu próprio nada" (*Le sacré* [O sagrado], p. 25). Apenas o objeto numinoso realmente é, e eu não tenho verdadeiro ser. Mas, se o numinoso, por um lado, é objeto de pavor, de um pavor místico, de uma apreensão sagrada, por outro lado, ele atrai, fascina, como o único que pode proporcionar um contentamento absolutamente profundo e puro. Daí o impulso de se voltar para ele como para uma promessa de felicidade. O esquema, no sentido kantiano, do numinoso em seu aspecto transcendente, é o sublime; em seu aspecto repulsivo, é o *orgé theoú* (ὀργὴ θεοῦ), a "cólera de Deus"; em seu aspecto atraente, o esquema do *fascinans* é a benevolência, o amor, a graça. Ora, se com relação ao transcendente o indivíduo se sente aniquilado na sua realidade, com relação ao numinoso como valor supremo, como *sanctum*, o que ele experimenta é seu nada de valor, seu não-valor. O numinoso aparece como santo, augusto, venerável – σεμνός ou σεβαστός –, digno de um respeito incomparável, quer dizer, de um respeito de natureza diferente do que temos pela lei moral ou pela pessoa como fim em si, e, correlativamente, o indivíduo se sente como impuro, como "maculado", em suma como pecador

– o pecado sendo algo completamente diferente do erro, pois o erro é evitável, e o pecado não.

Tudo isso, que supõe a experiência religiosa, não tem nenhuma força conclusiva quanto à realidade sobrenatural do objeto numinoso. Rudolf Otto diz que tomamos consciência do numinoso lendo Isaías, capítulo 6. Li Isaías, capítulo 6, e não tomei consciência de nada. Pois como acreditar em "Serafins de seis asas: duas para cobrir a face, duas para cobrir os pés, duas para voar" (6, 2)? Segundo Otto, a disposição de tomar consciência do numinoso existe contudo em cada um, mesmo que não se manifeste em todos. A análise kantiana do espírito é a seus olhos incompleta. Além do entendimento e da razão teórica e prática, há uma outra fonte de "conhecimento *a priori*": entendendo por isso a capacidade de receber, de acolher a manifestação do numinoso, quer dizer, do sagrado, no que ele tem de irracional. A faculdade do religioso seria "a mais profunda e a mais íntima das faculdades do homem" (p. 65). Porque a religião repousa essencialmente no irracional, o crente no qual a experiência religiosa é real e fervorosa é necessariamente insensível aos argumentos racionais. Por isso religião e filosofia seguem caminhos diversos.

Porque o filósofo, como filósofo, escolheu a razão, a análise de Otto soa-lhe estranha. Deve, contudo, considerá-la, se o numinoso pode, de certa maneira, encontrar-se no mundo. Que seja assim. Otto pensa dessa maneira; e é aqui que ele recupera, e nós com ele, a concepção goethiana do demônico. Admite que o demônico é uma forma do divino (cf. p. 57). Reconhece no δεινός grego o próprio numinoso, embora "num nível inferior" e "sob uma forma atenuada" (p. 69). O numinoso "num nível inferior", o *deinós* dos gregos, tal é o demônico. Ora, o que é chamado de δεινόν ou δεινός? Otto não pode deixar de evocar o canto do Coro da *Antígona* de Sófocles: Πολλὰ τὰ δεινὰ κοὐδὲν ἀνθρώπου δεινότερον πέλει, "Incontáveis são as coisas demônicas, mas nada há de mais demônico que o homem". O homem é um ser demônico, o que significa ao mesmo tempo temível e maravilhoso, poderoso e estranho, surpreendente e admirável, dando arrepios e fascinante, divino e demoníaco: são esses os contrastes que manifestam o que pertence ao numinoso ou lhe é aparentado. Paul Mazon (ed. de *Antigone* [Antígona], Les Belles Lettres) traduz δεινός por "maravilhoso": Πολλὰ τὰ δεινὰ..., "Existem muitas maravilhas neste mundo, mas nenhuma maior do que o homem"; mas Heidegger traduz por "inquietante": "Múltiplo é o inquietante (*das Unheimliche*), nada porém mais inquietante do que o homem..."[29] Por causa do homem, estamos incessantemente, neste mundo, diante do surpreendente, do inesperado: nos es-

---

29. *Introduction à la métaphysique*, trad. fr. G. Kahn, PUF, 1958, p. 160.

pantamos e admiramos; mas, por outro lado, com ele, não há quietude possível – impõe-se sempre a questão: o que ele ainda nos reserva? No Coro de *Antígona*, trata-se da técnica, por meio da qual o homem se apropria da natureza, submete-a com suas inovações e estratagemas: *deinos* também significa "hábil". Heidegger desenvolve a idéia da técnica como "ardil" (*Ge-stell*): "O reino do Gestell significa o seguinte: o homem sofre o controle, a demanda e a injunção de uma potência que se manifesta na essência da técnica e que ele próprio não domina."[30] O homem é arrastado por uma avalanche de progressos que produzem a si mesmos e que ele não controla nem domina. Em suas *Beiträge zur Philosophie* de 1938, publicadas em 1989, Heidegger usa a palavra "enfeitiçamento" (*Behexung*)[31]. Estamos "enfeitiçados" se acontece alguma coisa que não entendemos. O homem não entende o que acontece com ele. Para onde vai o homem? Ele não sabe ao certo. Se nos voltarmos para o passado, poderemos falar de um "sentido da história", já que houve progresso; mas, se olharmos para o futuro, não haverá nada que possamos dizer. E contudo o futuro já se decide no presente; nas profundezas do presente, um futuro se prepara, mas sem que

---

30. *Réponses et questions sur l'histoire de la politique*, trad. fr. J. Launay, Paris, Mercure de France, 1977, p. 50.
31. *Beiträge zur Philosophie (Von Ereignis)*, Gesamtausgabe, t. 65, Frankfurt am Main, 1989, p. 124.

saibamos como. O homem é presa de uma potência demônica, mas qual? Há apenas o homem. O homem enfeitiça a si mesmo.

Que o homem seja um ser demônico não significa que todos os homens o sejam, que todo homem é assim. O bravo velhinho que cultiva seu jardim, rega as flores, nada tem, em geral, de demônico. Napoleão tinha "uma natureza demônica", diz Goethe, o que significa, a seus olhos, que sua atividade não foi negativa, como a de um Mefistófeles, mas "inteiramente afirmativa"[32]: são suas próprias palavras. Com isso vemos que havia sido enfeitiçado por Napoleão – o que confirma seu juízo, que vê nele um ser demônico. O poder que Max Weber chama de "carismático" é um poder de enfeitiçamento. Supõe que tenhamos fé na pessoa de um profeta, de um chefe, de um grande demagogo. Que possamos utilizar aqui a palavra "fé" mostra a analogia com o campo religioso. O temor reverente, a confiança e o fascínio são elementos de uma atitude visceralmente irracional. E, assim como aquele que crê em Deus é impermeável aos argumentos que podemos levantar contra a religião, o indivíduo enfeitiçado pelo profeta ou pelo chefe não é capaz de escutar nada mais.

Sabemos que, na vida comum, acontece a todos nós sermos enfeitiçados. É o que se cha-

---

32. *Op. cit.*, p. 333.

ma de amor, entendendo por isso *éros*, o amor erótico. Já falei, em outro texto, de um amor que deixa o homem "livre, senhor de si, não governado por seu amor, mas governando seu amor"[33]. Não é o caso de *éros*. Essa paixão nada mais é do que uma "fascinação de espírito, um enfeitiçamento de coração, uma fonte de desvarios em nosso comportamento", para retomar as palavras ameaçadoras do pregador Bourdaloue[34]. Mas não pensaremos, como o orador sagrado, numa obra satânica. O amor é simplesmente um δαίμων μέγας, como diz Platão (*Banquete*, 202 d), um "grande demônio", ou seja, um demônio particularmente eficaz: um olhar, um sorriso, uma provocação, palavras inocentes; isso basta para desencadear o amor. Não devemos acreditar que o ser amado seja necessariamente um ser demônico. Talvez seja um ser muito comum. Quanto ao amante, nada impede que seja de uma perfeita banalidade. É simplesmente efeito do amor fazer entrar o amante ou os amantes no mundo do demônico, isso por um lapso de tempo de duração variável. O amor é ilusão, simplesmente porque tudo não passa de um efeito do feitiço de amor, sem relação com o que são realmente os personagens. Por um momento o amor pode ele-

---

33. *Analyse de l'amour et autres sujets*, PUF, 1997, p. 3.
34. Citado por Littré, no verbete "ensorcellement" (*enfeitiçamento*).

var acima do medíocre os indivíduos, que recaem em seguida na sua mediocridade.

Em contrapartida, existem seres realmente demônicos, ou seja, maravilhosos e, ao mesmo tempo, enigmáticos, desconcertantes. Platão reconhece o demonismo nos profetas, adivinhos, mágicos, inventores de gênio e poetas. Não basta. Existem entre nós naturezas demônicas que não são nem profetas, nem poetas, nem nada semelhante, mas cuja obra é a própria vida, uma vida que embeleza a dos outros. Como reconhecê-las? No que concerne à natureza do sagrado, Otto recorre a uma "faculdade divinatória". Está pensando na "adivinhação espontânea" que permitiu aos primeiros cristãos reconhecer em Jesus Cristo uma personalidade numinosa e, em seus próprios termos, a "manifestação do sagrado" (p. 208). Deixemos isso, que diz respeito à religião e está fora de nossa experiência, de lado. O reconhecimento do demônico em tal ou tal pessoa suporia uma "faculdade divinatória"? Eu falaria apenas de uma faculdade de discernimento: alguns discernem o demônico como tal, outros, sem identificá-lo, são sensíveis a ele. Como reconhecê-lo? Duas amigas, de passagem, me visitaram recentemente; ambas igualmente bem dispostas, de bom humor, agradáveis, encantadoras. Contudo, via entre elas uma grande diferença. Uma dizia frases banais, convencionais, sem surpresa, sem perigo: uma outra – qualquer uma

– poderia dizer a mesma coisa. A outra captava a atenção, suscitava uma expectativa; percebia-se uma visão própria, uma singularidade: uma outra não poderia dizer a mesma coisa. A primeira parecia falar com a voz de todo o mundo; da segunda, poder-se-ia dizer que estava atenta a uma voz interior e que se submetia a uma injunção de justiça e de verdade que emanava do âmago de seu ser: escutava seu *daîmon*.

Assim são as personalidades singulares que, ao mesmo tempo, atraem e intimidam. Assim foi Sócrates. São personalidades que podem perturbar pela dissemelhança. A jovem de que falei há pouco poderia ter sido queimada como feiticeira. Sócrates teve que beber a cicuta. Platão descreve, no *Banquete*, o efeito do demonismo de Sócrates sobre Alcibíades: vergonha de si, vontade de fugir, temor, mas também confiança, admiração, atração. O efeito sobre Alcibíades é um efeito de encantamento (cf. 215 d). O ser demônico é perturbador, desconcertante – essa é a palavra escolhida por Platão: "quanto a esse homem e o quanto ele é desconcertante, tanto em sua pessoa quanto em seu discurso, impossível de achar algo parecido" (221 d). Um indivíduo pode não ter consciência de sua natureza demônica: como a jovem de quem eu falava. Sócrates tem consciência. Fala espontaneamente de seu "signo demônico" (δαιμόνιον σημεῖον, *Rep.*, VI, 496 c etc.), espécie de "voz" (φωνή, *Apol.*, 31 d) que o orienta negativamente, advertindo-o para não se envolver, e positivamente, pelo silêncio. Não se trata de um "*daîmon*" que seria um ser real, mas de "algo divino" ou "demônico" (θεῖον τι, δαιμόνιον τι, *Apol.*, 31 c) que nada mais é, como explica Cícero, antes das interpretações substancialistas, notadamente cristãs, do que uma "maravilhosa faculdade de adivinhação" (*De div.*, I, 54, 123). A faculdade divinatória pertence a Sócrates, a faculdade de discernimento a Alcibíades: ela o faz reconhecer a personalidade demônica de Sócrates e ser-lhe sensível.

No que consiste essa singularidade demônica? Creio simplesmente que certas pessoas são governadas pela idéia não do conveniente, ou do oportuno, ou do rentável, ou do mais eficaz, ou do mais honroso, ou do mais divertido, ou do mais fácil, ou do mais difícil, mas pela idéia do melhor. E, exatamente por isso, se situam num outro patamar com relação ao modelo corrente de humanidade que uma coletividade propõe e, mais ou menos, impõe. Elas perturbam e podem provocar reações de incompreensão e rejeição. Como no caso de Sócrates.

O demônico não se manifesta apenas entre os humanos. Já citei Goethe, para quem "o demônico se manifesta das mais variadas maneiras em toda a natureza". Com base em que, no entanto, fundar uma relação entre o demônico tal como aparece num ser humano e tal como se mostra na natureza, quer se trate da própria natureza considerada como um todo ou de tal ou qual de suas produções, vivas ou não vivas? Simplesmente na identidade dos efeitos em ambos os casos. Apreender o homem como ser demônico significa percebê-lo, como eu dizia, como "ao mesmo tempo temível e maravilhoso, poderoso e estranho, surpreendente e admirável, dando arrepios e fascinante, divino e demoníaco". Ora, é também dessa maneira que podemos perceber a natureza ou determinada criatura natural. Afinal, o que é a natureza "em sua alta e plena majestade"? Na sua imensidão que desafia todo cálculo (pois certamente ela se estende bem além do universo do *big bang*), ela dá ao indivíduo – como o próprio numinoso, segundo Otto – o sentimento de seu nada. Ele se sente esmagado, reduzido a nada. "O silêncio eterno desses espaços infinitos me assusta", escreve Pascal (frag. 206 Br.). Mas, junto com esse pavor quase místico, há a comoção e a admiração diante do espetáculo sublime do céu estrelado, do caráter temível mas grandioso de certos fenômenos naturais: erupções vulcânicas, tufões etc. O demônico está presente, diz Goethe, em tudo aquilo que "não se deixa interpretar nem pela inteligência nem pela razão" (*l.c.*). O demônico é o que desconcerta a razão. Na medida em que os fenômenos naturais são objeto de uma explicação racional, o pavor diante do demônico, análogo ao pavor sagrado, cede lugar ao temor refletido. Mas, tratando-se da natureza em seu conjunto, o demônico, quer dizer, o irracional maravilhoso, sempre estará presente, pois o infinito excede a razão. No seio da enormidade do tempo e do espaço, num ponto da natureza infinita, ou talvez infinitamente infinita, como quer Espinosa, o homem tem o sentimento do Englobante e do sem-limites como de um mistério insondável, diante do qual a razão se detém.

Em todas as produções da natureza, o demônico está presente, e é possível espantar-se e admirar-se, às vezes inquietar-se e temer. "Em todas as partes da natureza", diz Aristóteles, "existe o maravilhoso (τι θαυμαστόν)" (*De part. an.*, I, 5, 645 a 17), ou seja, o demônico. Por quê? A razão dos homens acaso não explica cada vez melhor a constituição dos seres e seu desenvolvimento, nascimento e morte? Sem dúvida, mas tal explicação não é uma verdadeira explicação. Pois a ciência explica pelas causas. Ora, as causas produzem um efeito, mas não o explicam. Posso "explicar" a rosa pelas causas que fizeram com que a roseira crescesse e a rosa nascesse. Mas a rosa não está contudo explicada. Pois a rosa, como tal, não está nas causas. Assim o ser dos seres, entendendo por isso o fato, para a rosa, de ser o que ela é, aparece a cada instante como algo "miraculoso" – o termo é de Nietzsche (*Gai Savoir* [A gaia ciência], § 112) –, que nos encheria de espanto se tivéssemos constantemente a disposição necessária para apreender e reconhecer o maravilhoso, quer dizer, o surpreendente, o demônico. O poeta tem essa disposição, sem dúvida por ser ele próprio um ser demônico: "Na poesia, existe por essência algo demônico", diz Goethe (*op. cit.*, p. 334). O próprio Goethe era extremamente sensível ao demônico na natureza: nela reconhece ao mesmo tempo o misterioso e o fascinante. A natureza, diz ele, permanece para nós "definitivamente insondável" e, contudo, exerce sobre nós uma "atração eterna" (*ibid.*, p. 531).

O demônico não é o numinoso, não é pois o sagrado. É uma "forma inferior" deste último, diz Otto. O numinoso é, no divino – ou no sagrado, no sentido amplo –, o elemento irracional: é o sagrado propriamente dito. Como o numinoso, o demônico é por essência irracional; mas, à diferença do numinoso, não implica o sobrenatural. Ao contrário, inscreve-se na própria contextura da natureza. A ciência está para o demônico como a religião para o sagrado, com a diferença de que a ciência, puramente racional, desconhece o demônico, não o encontra, enquanto a religião, que é racionalização do sagrado, encontra-o para reduzi-lo, adaptá-lo, suprimi-lo como tal. Pois, enquanto o sagrado, por sua essência numinosa, é em si mesmo perturbador, inquietante e mesmo fascinante, a religião é apaziguadora, calmante. O sagrado comove, desconcerta, aniquila a criatura; a religião salva o indivíduo de seu nada, livra-o de sua inquietude essencial e, em troca de sua fé, de sua confiança, de sua boa vontade, oferece-lhe o ser e a paz traçando-lhe um claro caminho a seguir para atingir a felicidade. A ciência moderna, que já não está sujeita à filosofia, não tem em vista a verdade por si mesma, mas, como meio para submeter e dominar, está a serviço do poder. A religião também não visa a verdade por ela mesma, mas como meio de salvação. Somente a filosofia visa a verdade por ela mesma, com o risco do sofrimento e talvez do desespero. Ora, a verdade, que é a essência da realidade, envolve tanto o irracional como o racional. A filosofia tem, assim, que se haver com o irracional. Esse irracional não é o sagrado, que supõe a experiência religiosa e a abertura para o sobrenatural, mas o demônico. Decerto a filosofia é obra da razão, do "bom senso", como diz Descartes. Mas, ao contrário da razão científica que passa ao lado do maravilhoso e do mistério sem o ver, a razão filosófica reconhece, identifica o irracional, o maravilhoso, o mistério. Seu fracasso, sua impotência em apreender os arcanos das coisas lhe revelam mistérios impossíveis de desvendar: o mistério da natureza insondável e infinita, o mistério da morte e do sentido, ou do não-sentido, do homem. Não há, aqui, "problemas" que o filósofo poderia resolver. A filosofia não resolve nenhum problema. Não existe, a bem da verdade, problema filosófico. O papel da filosofia é, para além do racional, nos fazer tomar consciência do demônico que age na natureza, do mistério que envolve todas as coisas, e revelar o homem a si mesmo como enigma: enigma do qual resulta a liberdade radical da escolha filosófica. Pois a filosofia repousa não numa "revelação" qualquer, ou em alguma necessidade demonstrativa, mas na liberdade.

Abstração feita da experiência religiosa que, dizem, revela-lhe o sagrado e o coloca em relação com o Tu absoluto, o homem está sozinho. Não há ninguém para escutar suas questões e sua queixa. A "luz natural" serve principalmente para acentuar, de todos os lados, as sombras. Resta-lhe, tendo abandonado o sagrado no caminho, assumir sua solidão. Filosofar é isso.

A filosofia e o além da filosofia

Proponho-me refletir sobre o sentido da filosofia não em si mesma, mas relativamente ao além dela mesma. Perguntam-me, efetivamente: "afinal, a que leva a filosofia?". A primeira resposta é: "a nada", já que a verdade que ela busca sempre lhe escapa. Mas existe uma outra resposta.

Em primeiro lugar, "o que é a filosofia?": quando Heidegger se coloca tal questão, cai imediatamente na palavra grega φιλοσοφία e é essa palavra que, sendo grega, lhe indica em que direção buscar. Assim Heidegger, logo de início, despersonaliza a questão. Heidegger não é Montaigne. Uma espécie de circunspecção impede-o de filosofar em primeira pessoa.

Posso admitir, com Heidegger, que "'a filosofia' é grega no seu próprio ser" (*Qu'est-ce que la philosophie?* Ed. Gallimard, 1957, p. 15), que é algo que, antes de mais nada, determinou o *Dasein* grego, a maneira de ser no mundo propriamente grega. Entretanto, o significado dessas palavras, dessa afirmação, seria tão evidente que se imporia mesmo que eu não tivesse nenhuma experiência da filosofia? Ou, ao contrário, se essas palavras me falam tão vigorosamente, não seria por eu ter a experiência da determinação pela filosofia de meu próprio *Dasein*? Em poucas palavras, para reconhecer a filosofia em seu lugar de origem, entre os gregos, já é preciso filosofar. Caso contrário, pensaremos que a filosofia se localiza também no Egito ou na China.

Assim, se penso poder responder à questão "O que é a filosofia?", é, em primeiro lugar, porque me acredito filósofo. Em que se baseia essa convicção que me acompanhou a vida inteira? Desde minha adolescência passei a dedicar-me a uma atividade para a qual não tinha, ao meu redor, nenhum modelo e que, mais tarde, pareceu-me corresponder ao que diziam aqueles que eram chamados de "filósofos". Eu tentava entender... Recebera uma educação religiosa, da qual me desligara. O mito judaico do *Gênesis* não impressionara suficientemente minha razão. O sentido de minha vida, dizia a mim mesmo, não pode se reduzir a minhas atividades cotidianas e banais. Ter uma profissão, casar, ter filhos: sim, mas por quê? Por isso essa outra atividade que consistia apenas em procurar entender.

Tal atividade foi sempre adjacente às outras atividades que ocuparam minha vida, as do homem comum que fui: professor, pai de família etc. Hölderlin fala da "lei de sucessão" (*Gesetz der Succession*) que, pela imposição das ocupações necessárias da vida, envolve o indivíduo na engrenagem das horas e dos dias. Cada hora traz consigo a obrigação de algo a fazer; a cada hora vincula-se o "dever da hora". Hölderlin concebe Empédocles como alguém que escapa à "lei de sucessão" e à agitação factícia dos homens no momento em que se retira à solidão do Etna. Sócrates, que renunciou ao seu ofício de escultor, que já não se preocupa, ou pouco o faz, com suas atividades pessoais, que não tem profissão definida, que não tem horários fixos, também escapa à "lei de sucessão", mas sem se retirar à solidão, permanecendo, ao contrário, entre os homens.

Não tive nem a liberdade do eremita que prefere a natureza, nem a de um Sócrates, que prefere os homens e que soube tornar-se livre apesar deles e por eles. Minha atividade livre de filósofo, em que apenas a meditação conta, longe de todo rebuliço, só se desenvolveu nas margens ou nos intervalos de minhas atividades obrigatórias. Mesmo cumprindo escrupulosamente meus deveres profissionais e sociais, nunca deixei de procurar entender. Hoje, que já ultrapassei em seis anos a idade com que Sócrates morreu, acaso posso dizer que "entendi" – "entender" significa apreender o *sentido*: o sentido do homem, o sentido da vida – humana, não humana –, o sentido do mundo, o sentido do ser? Longe disso: estou, mais do que nunca, em interrogação, em questionamento. Não posso citar nenhum conhecimento que, ao lado dos conhecimentos científicos que aumentam ininterruptamente, possa ser considerado "filosófico". E, contudo, sou filósofo. A filosofia não seria justamente isso, questionar sempre?

Evidentemente o cientista também questiona; mas logo se detém. Galileu se pergunta segundo qual lei descrever a queda dos corpos. Estabelece uma equação que dá o espaço percorrido em função do tempo gasto para percorrê-lo e da aceleração do movimento, mas não se pergunta o que é o espaço, o que é o tempo, o que é o movimento: isso está reservado para o filósofo. Fermat estabelece muitas propriedades do número, mas não se pergunta o que é o número. Pasteur identifica certos organismos vivos como estando, uns, na origem das fermentações, outros, das doenças infecciosas, mas o que é o "ser vivo", o que é a "vida", isso permanece sem resolução. O educador, numa lição de moral, enuncia os deveres com relação a nós mesmos e com relação aos outros, mas com isso supõe a noção de "dever", cujo fundamento ainda deve ser estabelecido. O jurista articula as proposições da justiça, mas qual é a fonte do direito, de onde ele tira sua autoridade? Deixa aos filósofos tal debate.

A FILOSOFIA E O ALÉM DA FILOSOFIA

A filosofia, nos autores de sistemas, pretende não deixar nenhuma ciência, nenhuma disciplina particular, sem apresentar a razão delas, sem justificar seu lugar no interior de um saber que se pretende saber da realidade em seu conjunto. O homem procura entender e se entender no interior da totalidade dos seres. A filosofia, como ciência da totalidade, lhe diz o que ele é, o que ele significa. Sempre procurei entender, dizia eu: entender o quê? Entender a mim mesmo, entender o homem e, para isso, entender o conjunto no interior do qual o homem se encontra, no interior do qual sou, e que é a realidade. Então, por que não me ater ao sistema? Porque assim, como o próprio autor do sistema, eu interromperia a interrogação. Mas interromper a interrogação é contrário à própria natureza da filosofia.

Sócrates interrogava quem quer que fosse para libertá-lo das opiniões que resultavam na sua vida factícia e na sua miséria. Interroguei os filósofos e, em primeiro lugar, como é natural quando se é jovem, os autores de sistemas. Admirei belas estruturas; tanto em Descartes, Malebranche e Leibniz quanto em Crisipo e Epicuro vi muitas belezas (também, claro, em Aristóteles, mas seria o termo "sistema" conveniente? e claro também em Platão, mas aqui o termo "sistema" não convém). Mas, se neles a beleza estava presente, a verdade, ao contrário, não estava – pois o plausível, o verossímil e o coerente não são o verdadeiro; ou se, por acaso, ela estivesse mais em um dos sistemas do que no outro, seria preciso, para se assegurar disso, uma outra ciência. Hegel, decerto, parecia me propor essa ciência. Mas, se eu reconhecia as outras filosofias, era apenas na medida em que elas eram ou pareciam ser partes da filosofia e da verdade hegelianas, não em sua diferença e distância com relação à filosofia de Hegel. Logo me pareceu que Hegel esquecia o essencial: o filósofo. Pois, se o átomo epicuriano é pensado na lógica de Hegel, e se o atomismo é um momento do sistema hegeliano, Epicuro não é um momento ou uma parte de Hegel.

Os sistemas tiveram seus adeptos. O poema de Lucrécio é sustentado por uma verdadeira religião epicurista. Houve, ainda que com graus variados de ortodoxia, estóicos, cartesianos, espinosistas, kantianos, hegelianos – apesar de "a verdade nunca ser mais do que uma", como diz Montaigne (II, XII, texto de 1580 e 1588). A pretensa "ciência" filosófica não passa de uma ciência falsa, e, exceto se entendermos por "filosofia" uma disciplina particular como a lógica, a epistemologia ou outra qualquer, e não a filosofia propriamente dita, a saber, a metafísica, devemos dizer que não há *conhecimento* filosófico: a filosofia é impossível como ciência. Por que isso? Bastam algumas palavras de Sócrates para explicar. Ele diz, antes de Epicuro, que não há nada a temer na morte: "O que significa, com efeito, temer a morte, senão atribuirmo-nos um saber que não temos? Não significa acreditarmos saber o que ignoramos? Pois, enfim, ninguém sabe o que é a morte, nem se acaso ela não é, para o homem, o maior dos bens. E, contudo, nós a tememos como se soubéssemos ser ela o maior dos males." (Platão, *Apologia de Sócrates*, 29 a) Não sabemos o que significa a morte: vida ou não-vida, extinção da chama da vida ou renovação. Ora, não sabendo o que é a morte, também não sabemos o que é o homem. "O que pode ser um homem? O que poderia convir a essa natureza fazer ou padecer que a diferenciasse das outras?": é isso, nos diz Platão, que procura "aquele que passa a vida filosofando" (*Teeteto*, 174 b). Mas não existe ciência do homem, conhecimento de seu eventual destino. Sempre procurei entender e me entender, dizia eu, e antes de tudo, sem dúvida, para poder responder à questão: "O que me é permitido esperar?" Mas, a isso, não existe resposta que seja um saber: a única resposta é a crença.

Mas quanto valem nossas crenças? Não são simplesmente efeitos que a sociologia explica? E quanto à nossa religião?, pergunta-se Montaigne: "Demos conosco no país onde ela estava em uso [...] Somos cristãos a mesmo título que somos perigordinos ou alemães" (*Ensaios*, II, XII, p. 170). Não renunciaremos à crença, já que não podemos ter outra coisa, mas é preciso que ela se estabeleça num terreno diferente do das idéias preconcebidas inscritas em nós pela tradição. O Empédocles de Hölderlin interpela seus concidadãos em termos que, dirigidos a seus concidadãos, são letra morta, mas que, se destinados àquele que se pretende filósofo, são judiciosos: "Tenham esta audácia! O que vocês receberam de herança, o que vocês mesmos adquiriram, o que os lábios de seus pais lhes contaram, e ensinaram leis, costumes e nomes dos antigos deuses, esqueçam audaciosamente tudo isso e, como recém-nascidos, elevem seus olhares para a divina natureza."[35] Deixemos de lado essas últimas palavras. Guardemos a idéia de que é preciso libertar a vista dos obstáculos mentais, ver o mundo e a natureza como pela primeira vez e assim chegar ao ponto de partida da filosofia: o espanto. Aqui, não é o diálogo com os concidadãos que será possível, mas um outro diálogo: com todos os que, também, estão desencantados das falsas evidências e das obsessões coletivas – os filósofos. Pois os filósofos formam uma única sociedade universal, em que são mais próximos uns dos outros do que de seus próprios concidadãos. E, certamente, sinto-me mais próximo de Montaigne do que de todos aqueles que, em minha

---

35. *Empédocle* (primeira versão), citado por Ernest Tonnelat, *L'oeuvre poétique et la pensée religieuse de Hölderlin*, Paris, Marcel Didier, 1950, p. 339. Cf. *Oeuvres* de Hölderlin na Pléiade, p. 522.

cidade, se atêm às idéias preconcebidas e cuja suprema alegria consiste em abrir a estação de pesca ou aplaudir os jogos de domingo.

Eu disse, contudo, que os filósofos, quando chegam a um sistema, cessam o questionamento e assim contradizem a própria natureza da filosofia. É verdade, e certamente não considero o sistema de Epicuro mais crível que os outros. Mas isso não me impede de ser sensível aos argumentos de Lucrécio sobre a mortalidade da alma. O filósofo não filosofa para justificar aquilo em que já acredita, mas para procurar aquilo em que deve acreditar. Acreditar não será de modo algum saber. Diversas crenças, aliás mais ou menos inconciliáveis, serão em princípio possíveis. Chegarei ao ateísmo, e vocês ao teísmo. Como? Por que vias? Nem por essa, inflexível, da demonstração, nem por essa, flexível – flexível demais –, da argumentação, mas pela via, sempre muito pessoal, da meditação. Pois o caminho da crença filosófica não pode ser seguido por nenhum outro: esse outro terá também seu caminho. Por isso, "a" filosofia só pode ser "minha" filosofia: "sempre coloquei em meus escritos toda minha vida e toda minha pessoa", diz Nietzsche[36].

Ora, nesse momento me será útil ser membro da sociedade dos filósofos, não como cons-

---

36. *La volonté de puissance*, trad. fr. G. Bianquis, Gallimard, t. II, p. 103.

trutores de sistemas, mas como interlocutores num diálogo. A meditação, que é minha via para a crença, também foi, também é, a deles. Ora, sobre o que meditam ou meditaram? Sobre as características da condição humana – condição que é também a minha. Pois dor, necessidade, angústia, felicidade, infelicidade, amor, alegria, fracasso, tédio, temor da morte e, também, conhecimento ou ignorância, decisão ou indecisão etc., todo homem tem alguma experiência disso, e o filósofo, antes de ser "filósofo", é em primeiro lugar um "homem como os outros". Mas, principalmente, todo homem está no mundo sob o sol, e o primeiro que se perguntou, deixando de lado os mitos e inaugurando a liberdade do espírito, "o que isso quer dizer?", foi o primeiro filósofo. O que quer dizer ser no mundo na luz do dia? O que estamos fazendo aqui? Tal questão, pela dificuldade de resposta e por ser a de todos e de cada um, faz nascer imediatamente a necessidade de encontrar os que se interrogam da mesma maneira, para questionar em conjunto. Daí nascerá uma troca de idéias, de suposições e, depois, de argumentos, um diálogo e, depois, uma discussão que, a não ser pelo encerramento dos sistemas e do questionamento, não acabarão nunca.

Contudo, não é com todos os filósofos que dialogamos e discutimos, mas apenas com alguns. Uma escolha é feita. Bergson ignora Hegel, outros ignoram Malebranche; muitos ignoram Montaigne. Quando tal escolha não se deve a razões contingentes – o fato de não saber uma língua, o acaso de um encontro, a influência de um professor –, a que atribuí-la? A meditação se faz, antes de tudo, com base num cabedal de experiências primordiais que não são necessariamente as mesmas para todos: para um, será a experiência do amor, para outro – ou para o mesmo –, a experiência do mal, ou o sentimento da fugacidade do tempo, ou o prazer puro da matemática, ou o espanto e a admiração diante da beleza. Nossas experiências decisivas orientam, para cada um, o questionamento. Por exemplo, diante do sofrimento das crianças martirizadas, como acreditar na Providência? E nos voltaremos para aqueles que acreditam numa Providência – santo Agostinho, Malebranche, Leibniz... – para perguntar-lhes como fica o sofrimento das crianças. Ou quando, possuídos pelo amor, pensamos descobrir, como diz Hölderlin, que o ser amado é "uma roupagem com a qual se veste um deus"[37], como não sermos espicaçados pela ironia de Lucrécio? Como não sermos tentados, para reafirmar nossa experiência, a nos voltar para Platão? Ou, se temos o sentimento vivo de que o tempo escoa sem parar, independente de nós, nos perguntaremos "o que é o tempo?" e nos voltaremos para Aristóteles, para Plotino.

---

37. Citado por E. Tonnelat, *op. cit.*, p. 167.

Assim, na sociedade dos filósofos, relações privilegiadas são estabelecidas. Existem contudo certos filósofos que ninguém pode ignorar: os gregos antigos. Os filósofos gregos de hoje estão na mesma situação dos filósofos franceses, alemães ou outros. São conhecidos no exterior em função de interesses e afinidades. Mas os filósofos gregos antigos são conhecidos por todos e sempre pensados, estudados, interpretados e reinterpretados por todos – embora, evidentemente, de modo desigual. A bibliografia sobre Alain é quase exclusivamente francesa, mas a sobre Heráclito comporta estudos em todas as línguas de cultura. Sem falar de Platão.

Entretanto, mesmo entre os antigos gregos, o interesse se desloca segundo as estações do espírito. Alguns, desde que Marx fez sua tese sobre Epicuro, interrogam os que eles chamam, impropriamente talvez, de "materialistas"; outros, animados pelo impulso de transcendência, como dizia Jean Wahl, voltam-se principalmente para os neoplatônicos. Mas Nietzsche lança como uma provocação (falo no presente, pois Nietzsche é ainda mais de hoje que de ontem): "Os verdadeiros filósofos gregos são os pré-socráticos", e os representa numa pose hierática, como se fossem ancestrais, forçosamente superiores aos que vieram depois: "Todos eles são personagens distintos", diz ele, "que vivem apartados do povo e dos costumes, maduros, graves a ponto de serem sombrios, de olhar calmo, de modo algum alheios aos negócios políticos nem à diplomacia. Descobrem antes dos sábios todas as grandes concepções das coisas: representam essas grandes concepções, eles próprios se reduzem a sistemas. Nada dá uma idéia melhor do espírito grego do que esse repentino pulular de tipos, essa maneira involuntária de construir integralmente todas as grandes possibilidades do ideal filosófico."[38] Entretanto, Nietzsche tende para Heráclito: "Quando imagino o mundo como um jogo divino para além do bem e do mal, tenho Heráclito como precursor."[39] Pensamos no fragmento 52, na edição de Hermann Diels: αἰὼν παῖς ἐστι παίζων πεσσεύων· παιδὸς ἡ βασιληίη, "O Tempo é uma criança que brinca mexendo os peões: realeza de uma criança". Mas foi Parmênides quem inaugurou o espanto diante do é. Assim, Heidegger tende para Parmênides, que ele considera "mais profundo e mais essencial" (*Questions IV*, Gallimard, 1976, p. 339), enquanto Heráclito dá "o primeiro passo em direção à dialética", que nada mais é do que um "autêntico estorvo (*Verlegenheit*) da filosofia" (*ibid.*). Desse modo, o pêndulo oscila de Heráclito a Parmênides, oscilação que, sem dúvida, durará tanto quanto a filosofia.

---

38. *La volonté de puissance*, trad. cit., t. I, p. 57 (= *Fragments posthumes*, Gallimard, *Oeuvres* de Nietzsche, t. XIV, pp. 72-3).
39. *Ibid.*, t. II, p. 388 (= *Fragments posthumes*, Gallimard, *Oeuvres* de Nietzsche, t. X, p. 225).

Mas, por hora – nisso temos que concordar com Paul Valéry –, temos que "tentar viver". Voltemos do Céu para a Terra, voltemos ao homem. O impulso especulativo dos filósofos gregos da diáspora é grandioso, mas, se quisermos simplesmente conselhos e exemplos para bem viver e bem morrer, iremos pedi-los em Atenas mais do que em Éfeso ou Eléia. Lucrécio, de todos os romanos "o único verdadeiro discípulo dos gregos", diz Simone Weil[40] – um pouco exagerada, como sempre –, Lucrécio, pois, recolhe as "palavras de ouro" (*aurea dicta*) do divino Epicuro e sonha com a comunidade bem-aventurada do Jardim. Outros, que podem ser romanos, preferem a lição do austero Zenão e se concebem como capazes de uma inflexível energia. Há os que escolhem Diógenes como patrono e repetem suas réplicas que, a seus olhos, acertam na mosca. Mas os letrados, os cientistas e os que estão um pouco desiludidos com este mundo e com a cidade dos homens só querem Platão como mestre, ou talvez Aristóteles, mas Aristóteles teve Platão como mestre.

Interrogo-me, agora, sobre minha maior, minha mais essencial dívida para com Atenas e seus filósofos. Não direi que se trata da filosofia: esta é sem dúvida grega, mas nascida na diáspora. Tenho com Platão, Aristóteles, Epicuro, Zenão,

---

40. *Écrits historiques et politiques*, Gallimard, 1960, p. 37.

Pirro, a dívida que todos têm – todos os filósofos que merecem esse nome –, e também, admito, uma dívida especial com Pirro. Mas, se reflito sobre a quem, antes de todos, devo dirigir meu reconhecimento, o nome que me vem à mente é o de Sócrates.

Apenas o amor faz com que a vida cintile sem cessar para além da vida. O que devo a Sócrates é uma lição de amor. E não penso, aqui, nos admiráveis discursos de Sócrates (ou de Diotima) no *Banquete* de Platão, mas em Sócrates em carne e osso, vivendo e morrendo.

Um ensaio de Montaigne tem como tema os "homens mais excelentes". São três gregos: Homero, Alexandre, o Grande, e Epaminondas. O último, Epaminondas, é "o mais excelente". De resto, "os gregos deram-lhe a honra de, sem oposição, declará-lo o primeiro homem dentre eles; mas ser o primeiro na Grécia é facilmente ser o primeiro no mundo" (II, XXXVI, p. 632). Esse ensaio foi composto aproximadamente em 1578. Alguns anos mais tarde, Montaigne não esquecerá Sócrates, do qual traça um retrato admirável no ensaio *Da fisionomia*, um dos últimos do Livro III dos *Ensaios*. Nesse momento, Sócrates tomou sem dúvida o lugar de Alexandre, o Grande.

A lição de Sócrates, segundo Montaigne, é mostrar o quanto o homem pode por si próprio, por puro efeito de coragem, sem o auxílio da religião e da filosofia, para enfrentar sua condição: "Sócrates faz sua alma mover-se com um movimento natural e comum. Assim fala um camponês, assim fala uma mulher: são induções e comparações tiradas das ações humanas mais banais e conhecidas: todos o entendem. Sob uma forma tão vulgar, nunca teríamos distinguido a nobreza e o esplendor de suas concepções admiráveis, nós, que só enxergamos a riqueza quando aparatosa e pomposa. Nosso mundo está ocupado apenas para a ostentação: os homens enchem-se apenas de vento, e manobram-se aos saltos, como as bolas. Este aqui não se propõe fantasias vãs: seu objetivo foi prover-nos de coisas e de preceitos que realmente e mais estritamente sirvam à vida [...]. É uma grande coisa ter conseguido dar aos puros pensamentos de uma criança tal organização que, sem os alterar nem estirar, tenha mostrado os mais belos feitos de nossa alma. Ele não a representa nem elevada nem rica; representa-a apenas saudável, mas seguramente com uma saúde jovial e pura [...]. Observai-o pleiteando ante seus juízes, observai com quais raciocínios desperta seu próprio ânimo nos azares da guerra, quais argumentos fortalecem sua resistência contra a calúnia, a tirania, a morte e contra o mau humor de sua mulher: nada aí foi emprestado da arte e das ciências; os mais simples reconhecem aí seus recursos e sua força; não é possível ir mais atrás e mais abaixo. Ele prestou grande favor à natureza humana ao mostrar o quanto ela pode por si mesma." (III, XII, pp. 380-2; texto de 1588)

O juízo humano é, geralmente, alienado demais aos valores factícios e de ostentação, para apreciar a perfeição do natural em Sócrates; dele emana uma "luz secreta" que apenas uma "vista nítida e bem purificada" pode perceber. É preciso um olhar preparado para, em Sócrates, reconhecer o sábio, o homem que está sempre à altura de sua condição, cuja alma está em perfeita harmonia com ela mesma e com o mundo, em suma, a realização do ideal do filósofo.

Mas qual é o motor dessa sabedoria? De onde vem o contentamento de Sócrates diante de seus juízes e no momento de morrer? Montaigne não explica. Reconhece a força de Sócrates e que ela se origina somente dele mesmo e não de alguma filosofia, retórica, doutrina ou sistema. Mas de onde ele tira essa força? Se pudermos responder, saberemos também qual é a suprema lição de Sócrates. Ora, longe de dissimular de algum modo o princípio de sua conduta e da energia que o sustenta, Sócrates o enuncia claramente: eu amo, φιλῶ (*Apologia*, 29 d). Se Sócrates caminha pelas ruas, praças e jardins de Atenas, se fica perto dos balcões dos comerciantes, entra nas lojas para, a cada vez, "abordar como um irmão mais velho" os cidadãos de sua cidade e os estrangeiros, seja para responder às perguntas deles, seja para, principalmente, interrogá-los e conduzi-los, de pergunta em pergunta, a se conhecerem melhor para que possam se corrigir, é porque os ama. Amar com um verdadeiro amor socrático, que nada mais é do que o verdadeiro amor do "próximo", é querer tornar melhor. Sócrates, negligenciando seus próprios afazeres, passa o dia no meio do povo de Atenas, preocupado unicamente em tornar melhores seus concidadãos. Durante trinta anos, nada mais fez senão amá-los. Daí seu contentamento, quando lança um olhar para a vida.

Daí também seu contentamento no momento de morrer. "Críton, estamos devendo um galo para Asclépio" foram suas últimas palavras. Pois ele não morre sozinho, mas rodeado de seus mais verdadeiros filhos, os filhos de sua alma, e, porque revive neles, está liberto – curado – da morte.

Quem pode dizer, em filosofia, que ultrapassou Sócrates? Ele soube tudo o que se pode saber. Pois, com os espaços abstratos, os computadores e o *big bang*, em que somos mais avançados? A condição humana é condição de ignorância. Ele soube, principalmente, como se deve viver: de maneira que pôde, no momento da morte, lançar, por um lado, um olhar de aprovação para a vida que tivemos e, de outro, um olhar de confiança para o futuro, porque os que amamos e que, em nossos ideais, se parecem conosco continuam nossa vida.

A FILOSOFIA E O ALÉM DA FILOSOFIA

Reza a lenda que Kant, morrendo, disse: "Está tudo certo." Não percorrera as ruas de Königsberg para melhorar os prussianos, mas escrevera a *Crítica da razão pura*, coisa talvez mais fácil. O deus que definira a missão de Sócrates atribuíra-lhe como tarefa "viver filosofando, escrutando a si próprio e aos outros" (*Apologia*, 28 e); tal deus nunca mais quis que essa tarefa fosse de nenhum outro. Ela é e permanece sendo de Sócrates, e unicamente dele. Desse modo, Sócrates, por ser tão excepcional, não é absolutamente nem um modelo nem um exemplo. Mas há muitas maneiras de viver de modo que se possa dizer finalmente: "Está tudo certo."

Mas, se a maneira de viver de Sócrates é exclusivamente dele, sua maneira de morrer é um modelo para todos. Pois como abolir a tristeza da morte? Há, para os heróis de Homero, o consolo que o pensamento de um feito imortal traz e, para o próprio Homero, a confiança de que sua obra atravessará os séculos. Mas, para o homem comum – e, mesmo que realizemos uma obra que tem chance de durar, é prudente nos considerarmos um homem comum –, para esse homem, pois, para o comum dos mortais, qual é o segredo da morte feliz? O amor, pura e simplesmente.

Isso significa que contamos com aqueles que virão depois para se lembrar de nós, que Sócrates conta com Críton, Fédon, Euclides, Platão e outros para conservar sua memória? A questão não é essa. "Não nos lembramos dos primeiros homens/ Assim como os que virão posteriormente / não deixarão lembranças naqueles que virão depois", diz o *Eclesiastes*. Seja! Mas aceito tranqüilamente que não se conserve nenhuma lembrança de mim se, na verdade do que fui, eu reviver nos filhos da minha alma (sejam ou não ligados biologicamente a mim). Os "filhos da minha alma": filósofos de vocação que têm, da filosofia, com poucas diferenças, a mesma visão que eu; de modo que me basta amá-los para ter todo o contentamento possível – não que a satisfação de ser lembrado não seja nada, mas ela vem como algo a mais.

Perguntei: qual o sentido da filosofia? Sei, em primeiro lugar, que como busca da verdade ela é significante por si mesma, seja qual for o ponto de chegada; em segundo lugar, que foi e é o significado de minha vida; finalmente que, através do exemplo de Sócrates, ela me ensina um amor que apaga a morte.

Assim, para o filósofo vivo, mas que se aproxima do termo da vida, o sentido da filosofia é, para além da própria filosofia, render as armas à sabedoria do amor.

"A que leva a filosofia?", perguntam-me. A primeira resposta é: "a nada" (a nada mais do que à filosofia como σχέψις); a segunda é: "a amar".

Referências

O ceticismo e o sentido da filosofia
é o texto de uma conferência pronunciada em 5 de dezembro de 1998 em Toulouse, por iniciativa do GREP (Groupe de Recherche pour l'Éducation et la Prospective [Grupo de Pesquisas para a Educação e a Prospectiva]), Midi-Pyrénées.
Eu gostaria, aqui, de expressar minha amigável gratidão para com Jean-Philippe Catonné, correspondente do GREP em Paris, e meus agradecimentos a Alain Gérard, presidente do GREP, a Bernard Auriol, vice-presidente, a Hugues Castella, secretário-geral, e também às senhoras Isabelle Prévot e Sophie Pradal-Baudson.

A solidão e o sagrado
é o texto de minha intervenção no colóquio "O homem tem necessidade do Sagrado?", organizado em Angers em 20 de março de 1999, sob os auspícios da Sociedade de Filosofia de Angers. Agradeço aos organizadores do colóquio, especialmente a Lucien Guirlinger, presidente dessa Sociedade, e a Didier Cailleteau.

A filosofia e o além da filosofia
é o texto remanejado de meu Discurso de recepção
na Academia de Atenas em 5 de junho de 1997.
Que me seja permitido aqui expressar minha gratidão a meu padrinho, o professor Constantin Despotopoulos, a quem se deves a iniciativa de ter apresentado minha candidatura na Academia de Atenas.
Agradeço também ao senhor professor Evanghelos Moutsopoulos o apoio que deu à minha candidatura.

IMPRESSÃO E ACABAMENTO:
YANGRAF Fone/Fax: 6195.77.22
e-mail:yangraf.comercial@terra.com.br